筑牢新时代
中华优秀传统文化的根基

上海市普教系统
名校长名师培养工程

以载道

许晓芳　主编

唐月丽　徐志华　副主编

上海教育出版社
SHANGHAI EDUCATIONAL
PUBLISHING HOUSE

图书在版编目（CIP）数据

文以载道：筑牢新时代中华优秀传统文化的根基 /
许晓芳主编. — 上海：上海教育出版社，2022.10
ISBN 978-7-5720-1678-3

Ⅰ.①文… Ⅱ.①许… Ⅲ.①中华文化 – 关系 – 思想
政治教育 – 教学研究 – 中学 Ⅳ.①K203②G631

中国版本图书馆CIP数据核字(2022)第183209号

总 策 划　刘　芳　公雯雯
责任编辑　汪海清
封面设计　陈　芸

文以载道：筑牢新时代中华优秀传统文化的根基
许晓芳　主编

出版发行	上海教育出版社有限公司
官　　网	www.seph.com.cn
地　　址	上海市闵行区号景路159弄C座
邮　　编	201101
印　　刷	上海商务联西印刷有限公司
开　　本	700×1000　1/16　印张 14.5
字　　数	245 千字
版　　次	2023年11月第1版
印　　次	2023年11月第1次印刷
书　　号	ISBN 978-7-5720-1678-3/G·1546
定　　价	58.00 元

如发现质量问题，读者可向本社调换　电话:021-64373213

目　　录

民族的，文化的，现代的

——如何落实中华优秀传统文化教育

思政课是落实立德树人根本任务的关键课程,道德与法治课程是义务教育阶段的思政课,旨在提升学生思想政治素质、道德修养、法治素养和人格修养等,增强学生做中国人的志气、骨气、底气。上好思政课对正处于"拔节孕穗期"的青少年至关重要。新时代中国特色社会主义的发展,要求思政课必须紧跟时代步伐,做到"因事而化、因时而进、因势而新",在探索、改进、创新中不断加强。因此,思政课注定是一门永远在路上、时时要探索创新的课程。

为什么要写这本书

作为思政学科的名师基地,我们该做些什么? 能做些什么? 这是我和我的伙伴们共同思考的问题。思政学科的特殊性,要求思政教师紧跟国家育人的时代要求,把国家的方针、政策在学科教学中润物细无声地落实落地;名师基地的高端培育,要求我们在学科育人中探寻出一条可复制、可推广、有辐射引领价值的育人路径或策略。

《义务教育课程方案(2022年版)》指出,义务教育要在坚定理想信念、厚植爱国主义情怀、加强品德修养、增长知识见识、培养奋斗精神、增强综合素质上下功夫，培养有理想、有本领、有担当的德智体美劳全面发展的社会主义建设者和接班人。中华优秀传统文化是中华民族的"根"和"魂"。开展中小学中华优秀传统文化教育，对于永续中华民族的根与魂，坚守中华民族的共同理想信念，筑牢民族文化自信、价值自信的根基，维护国家文化安全，增强国家文化软实力，培养青少年做堂堂正正的中国人，具有重要意义。多年来，我们讨论、分享、思考，对学科教学如何落实中华优秀传统文化教育，从教学目标统整、教学内容融合、教学途径开拓、教学手段创新、教师素养提升等多角度进行了长期研究。现将我们实践探索的一些成果经验与大家分享。

首先，中华优秀传统文化教育进课程，是国家教育发展的要求，时不我待。

2014年3月，教育部印发《完善中华优秀传统文化教育指导纲要》，以贯彻落实党的十八届三中全会关于完善中华优秀传统文化教育的精神，落实立德树人根本任务，进一步加强新形势下中华优秀传统文化教育。2014年11月中共上海市教育卫生工作委员会、上海市教育委员会联合制定《关于完善中华优秀传统文化教育长效机制的实施意见》，以满足"落实党和国家立德树人教育根本任务"的战略需要，推动上海教育综合改革。这两个文件的颁布与实施，进一步明确了上海中小学切实地将优秀传统文化教育不断融入国民教育全过程，是落实党和国家立德树人教育根本任务的战略需要，也是加强青少年学生综合素质培养、进一步提升社会主义核心价值观教育有效性与针对性的重要保证。2021年教育部颁发的《中华优秀传统文化进中小学课程教材指南》，进一步提升了中华优秀传统文化在学校学科教育中的重要性，也对如何在课程和教材中有效落实中华优秀传统文化教育给出了指导性的意见。

中国人从站起来到富起来，再到现在强起来，这是一个令人振奋的伟大历程。所谓"强"，不仅仅是经济强、军事强、外交强，更主要的是内心强，具有强健的"民族心"。虽然我国现在国力前所未有的强大，但对本国文化的传承与弘扬不时受到多元文化的冲击，尤其令人担心的是，青少年学生对中华优秀传统文化的认同欠缺。于是"树魂立根"的育人命题被提了出来：无论在哪个年龄段，中国人就是中国人，中国人就要爱中国，要有高度的民族自信心与强烈的民族自豪感。在这个背景下，树理想信念之魂，立民族精神之根，成为学校教育的根本目的，也成为思政课的主要任务。我们的学生如果没有民族之根，就不会有信念之魂,没有信念之魂,就不会"强起来",而"少年强则国强"。

《义务教育道德与法治课程标准(2022年版)》指出,初中阶段是小学高年级段的延续,与高中阶段相衔接,是培育道德品格,形成世界观、人生观、价值观的重要时期。初中是三观形成的关键阶段,正值"少年强则国强"的关键期。当下的学生生活在一个多元的社会,随着家庭经济条件的不断改善,以及网络化、信息化的植入,学生了解信息的渠道多种多样,他们的视野越来越开阔,价值多元趋势日渐流行。而他们的三观还没有完全形成,有困惑、有偏差都在所难免。我们教师必须思考和探索的是,如何在多元文化背景下来进行我们的民族传统文化教育,如何在学生思想的土壤中和精神的大地上,播下优良的种子,撒下合适的养料,让我们的"少年"成为"中国学生",成为"龙的传人",有一颗中国心,有理想,有信念,为"国强"而学习,而成长。初中思政课理应在此过程中发挥重要作用,肩负起初中学生社会主义核心价值观引领,以及以政治认同、道德修养、法治观念、健全人格、责任意识为主要内涵的核心素养培育的重要职责,积极探索和利用中华优秀传统文化成果,利用其特有优势促进立德树人教育目标的高效达成。

其次,通过经典来涵养素养,探索学科落实中华优秀传统文化教育的有效途径,优化教学。

我们不断反思:为力求课堂生动,吸引学生,我们组织实践,增加体验,做了很多探索,为何效果却不尽如人意?在反思中探索,在探索中实践,在实践中验证。我们认为,有效落实中华优秀传统文化教育,"经典"是河,"文化"是岸,学生要到达"文化彼岸",就必须浸润于"经典之河"。因此,我们决定尝试在思政学科教学中,引入代表中华优秀传统文化精髓的文化经典。中国文化价值观大多体现在经典中,自古就有"半部《论语》治天下"一说,学界亦有"儒家经典是中华民族价值观的集中体现"的提法,这都说明了经典具有丰富的文化智慧和民族内涵。我们的想法是,通过对与思政教学内容紧密结合的中华优秀传统文化经典的解析教学,实现学科教学涵养民族文化素养、认同中华文化的教学目标。两者之间的桥梁便是经典,这是一个让我们很兴奋的探索方向。

在思政学科中引进经典学习,学生是有基础的。我们在上海全市范围内做了学生问卷调查,其中,问卷题5是"你平时是从哪些渠道获取有关中华优秀传统文化知识的?",选"书籍"的遥遥领先,高达87%,其次是选"课堂学习"的有

69%,选"电视网络"的有 68%……问卷题 8 是"你参加的与传承中华优秀传统文化相关的课外活动有哪些?",选"经典阅读"的占到 70.18%……可见,书籍和经典是目前学生学习中华优秀传统文化的主要渠道,得到学生的认可和喜欢。

基于以上的思考和调研,在思政学科教学中,引进中华文化经典,让学生浸润于中华优秀文化之中,涵养民族精神,便成为我们探索的新思路。

最后,经典文化教育要与现代人才培养、现代教学方式相结合,搭建解决现实问题的实践学习平台,传承创新。

"经"本义是织布机上的经线,它是不变的。"典"的古字形似双手捧着竹简的样子,是指有典范价值的重要文献书籍,经典是要传承的。

固然,经典中有糟粕,而且还不少。但鲁迅在《拿来主义》中早就指出正确的做法:他占有,挑选。看见鱼翅,并不就抛在路上以显其"平民化";看见鸦片,送到药房里去,以供治病之用;烟枪和烟灯,是大可以毁掉的了……总之,我们要拿来。我们要或使用,或存放,或毁灭。

所以,传承是和创新紧密联系的,要推陈出新。我们学习经典,学习文化,不是为了成为能背几条经典语录的"文化人",而是要涵养民族文化素养、认同中华文化,以民族心来解决现实问题,并在这个过程中,进一步孕育中华情。从这个意义上讲,学习传统经典具有现实价值。

中华经典著作中的"精华"思想一般包括三个方面。一是"道德"。"富贵不能淫,贫贱不能移,威武不能屈""天行健,君子以自强不息""见义不为,无勇也""大道之行也,天下为公"……这些基本道德观念与现在倡导的社会主义核心价值观一脉相承。无论是国家层面的富强、民主、文明、和谐,还是社会层面的自由、平等、公正、法治,还是公民个人层面的爱国、敬业、诚信、友善,都承载着我们民族和国家的精神追求,都可从中看到优秀传统文化的深刻传承和发展。二是"民本"。"民之所欲,天必从之。"从"为人民服务""三个代表"到"中国梦"都体现了"执政为民"的治国理念。三是"和谐"。"不学礼,无以立""己所不欲,勿施于人""与人为善"……这些都是现在构建和谐社会的基础。这些经典中的精华思想和思政学科育人本质相一致,思政学科通过经典,可以让学生理解现代社会的文化渊源,经典中的文化内涵经过思政学科,可以让学生理解其现代意义。

我们要解决的难点问题就是,建立学科教学具体内容和经典的主要思想之间的内在关系,并以现代教学方式让学生体悟理论魅力,让优秀传统文化散发出时代的光芒。

这本书的特点是什么

"师者,所以传道受业解惑也",落实中华优秀传统文化教育,思政教师任重道远。我们在上海全市范围内也做了教师问卷调查。

第 15 题"您如何看待《道德与法治》教材中涉及的中华优秀传统文化的内容?",有 69% 的教师选择了"有些内容专业性较强,无法精准把握",这表明思政课教师对中华优秀传统文化相关内容的了解和把握还不够。

第 18 题"您一般使用中华优秀传统文化相关内容的依据是什么?",有 92% 的教师选择了"根据教材呈现的内容",比占比次之的"根据学生的需要"高出 12 个百分点,这表明思政课教师对中华优秀传统文化的相关知识局限于书本,照本宣科的比例还不少。选"相关教学资源不足"的占 69%,这表明中华优秀传统文化的相关教育资源在思政课教学中存在不足,教师们有很大需求。

第 12 题"《道德与法治》教材中涉及中华优秀传统文化的内容在教学中能否完成?",有 15% 的教师选择了"过多,教学任务无法完成",有 73% 的教师选择"尚可,基本能够完成"。这一数据显示,教师们在思政课上对中华优秀传统文化的教学深度与容量是存在疑惑的,因课时有限,要在课堂上系统讲解中华优秀传统文化是不太可能的,毕竟思政课还有自身的学科内容与逻辑体系。

因此,我们把本书的功能定位为:这是一本教师、学生都可以用的具有参考资料性质的工具书。本书既有对相关中华优秀传统文化的阐述、释义,又有对当下问题的剖析、释疑,案例丰富,叙述生动,可读性强。教师可以根据教学内容直接运用,也可以让学生直接阅读;学生自己亦可在书里找出问题解决的方法,用来培养自学能力和探究能力。

一是资料性。每个章节都有相关传统文化核心内容的典籍资料,阐述了其要义、内涵发展、演变过程,尽量做到丰富翔实,并注明出处、相关注解,供师生灵活选择使用。这既方便了读者查找,也有助于提升中华优秀传统文化底蕴。

二是系统性。中华优秀传统文化源远流长、博大精深。为避免挂一漏万,我们以初中思政教材为载体,对中华优秀传统文化进行梳理,对两者的内在关联进行分析、总结和归纳,针对各年级的典型教学内容与中华优秀传统文化进行有机衔接,进而形成本书的逻辑体系。

三是操作性。在梳理教材中涉及中华优秀传统文化内容的基础上,呈现典型教学案例、教学主题和教育目标,对关键点进行解读,提出教学建议、活动设计和评价方法。这些教学案例、活动设计有的是攻克教学的重点、难点,有的是回应学生的困惑点,流程清晰、操作性强、非常实用,让教师"教"得明白、学生"学"得透彻。

我们希望这本工具书,能成为教师的教学手册和学生的文化读本,既可以辅助师生的教与学,便于教育教学实施,也发挥其中华优秀传统文化的经典魅力。

如何使用这本书

本书共十章,每章均包括"探源解读""经典品读""教学实践""主题活动"四部分,每部分内容各有侧重,功能各异。

"探源解读"是对本章核心文化的追根溯源。从"说文解字"入手,讲述核心字的来源、沿袭与发展,当下为什么要传承,它的当代教育意义是什么,充满知识性和趣味性。

"经典品读"则是选取了三至五个经典片段,这些片段基本来源于教材。通过对典籍作品的诠释、讲解、赏鉴,并将典籍的意义与教材的相关内容进行内在分析,阐释其中的传承和发展,既有文史知识的生动阐述,又有对当下教育的理性思考。

"教学实践"部分既有对相应教材内容的分析,也有对学生困惑点、疑点的呈现。教学案例则以经典中的文化力量和教材中的理论力量,双管齐下,有力回应教学中的重点、难点和学生的困惑点、疑点。特别是教学案例翔实地呈现了教材流程,还进行了相应的剖析。

"主题活动"则包括目标、过程、任务单、评价等内容,为具体实践活动的操作实施提供了现成的方案,可作为样例参考,也可开拓思路,作为设计其他主题活动的借鉴。

总之,每一章节都尽可能地提供丰富翔实的文化典籍材料,希望引导师生全面地看问题,辩证地分析问题,能看到事物的发展过程,避免"盲人摸象";每一章节都尽可能地提供完整的探究过程，引导师生掌握学习方法，形成研究思路，"授之以渔"；每一章节都从实际的疑问出发，不回避问题，激发探究兴趣，"非学无以致疑，非问无以广识"……尊重学习的本质，不仅仅是学生的态度，更是教师的态度，更主要的是尊重学习规律，顺势而为，使之"学之，好之，乐之"。

要使用好这本书，让这本书"鲜活"起来，我们有两个建议。

第一，以书为例，活学活用，融合校情学情是关键所在。

这本书是工具书，实用性强，方便直接使用，省时省力，但这样操作，效果可能会打折。学生的情况是不同的，学校也有自己的特色，因材施教很重要。比如，"学生的声音"板块是这本书的一个亮点，体现了问题引入、矛盾设置的教学方法。但这些"学生的声音"是否反映本校学生的特质？教师在使用中要和自己的学校结合，和自己的学生结合，提出自己学校的"学生的话"，去解决自己学校和自己学生的真实问题。再比如，书中的"主题活动"可以说是比较完善的，但放到不同地区的学校，有不同特色的学校，就肯定不够"完善"了。活动的设计也要"因地制宜""因人而异"。不同学校，特色不同，活动设计应结合学校特色，引导学生从文化的角度思考和解决这些特色学习中出现的困惑和问题，学以致用。

事实上，我们提供的只是一个"范本"，一种"思路"，要借鉴的是这种"思路"，要体会的是这种"范本"里的理念。我们希望这本书里的所有设计，都能成为大家举一反三的例子，能够和自己学校的具体情况相结合，拓展思路，不断创新，这样这本书才会有生命力，才会根植于各个学校的教育沃土，才会让教学"出彩"，教育"增值"。

第二，搭建跨学科主题式学习的学习平台。

《义务教育课程方案（2022年版）》强调要加强课程综合，要统筹设计综合课程和跨学科主题学习，强化课程协同育人功能。有人举过这样一个生动的例子。如果你想把椅子做牢固一点，你会手拿锤子，把松动的钉子敲敲牢就可以了。但如果想做一把椅子，而你手上依然只有一把锤子，你可能就难办了。你有两个做法：一是停下来，去获取更多工具；二是依然会想着继续用锤子来解决问题，结果椅子做不成，木料也可能搞坏了。单学科探索问题，单一的知识会限制你的思维和行为，对于一个只有一把锤子的人来说，任何问题看起来都只像根钉子。这个例子体现了跨学科主题式教学的重要性。

落实中华优秀传统文化教育在教学形式上可以有很多创新。比如多媒体信息技术加深学生对中华优秀传统文化的理解，线上线下混合式教学模式突破了课堂教育的时空限制，充分利用互联网为中华优秀传统文化教育注入时代感……而通过学科教学落实中华优秀传统文化教育，因其明显的综合性特征，特别需要实施跨学科主题式学习。

这本书为跨学科主题式学习提供了平台，为语文、历史、思政、艺术、信息等科目的跨学科学习提供了丰富的选择，可以从不同角度，通过多种组合，演绎出丰富多彩的教学设计和主题教育，最后从学科层面，协同落实中华优秀传统文化教育。

这本书是怎样写出来的

我和我的伙伴共11人，历时近两年，共同完成了这本书。在最后定稿的那一刻，我们难抑激动之情，一路艰辛，历历在目。我们团队的研究能力在一次次的激烈争论、合作奉献中不断提升，我们的收获与感悟颇多。

这是一本历经修改的书。

一位学员在总结里这样写道："从第一稿到第十五稿，自己也没有想到有毅力改了一稿又一稿。最初好像已经想得很明白了，可是写啊写啊，又觉得不行，再推翻，再思考，再写……感觉书稿就像自己的一个娃，要精心呵护，要给予最好的。所有能想到的和以前想不到做不到的，现在全都做了一遍，甚至好几遍，终于看着它慢慢长大，成就感也油然而生。撰写之前还不断自我否定和怀疑，我们怎么可能写书啊，等到它慢慢成形才感悟到没有什么不可以。只要你想，只要你去做，去努力，就一定可以！"

三易其稿，"三"在古语中是"言其多"，但"易"了十五稿，我们真是没想到。前面几稿基本上都是推倒重来，是对结构和框架不满意。另起炉灶的工程量巨大，每次都要在热烈的讨论后，拿出巨大的勇气做出决定。后面几稿越来越细，靠的是"磨"，考验的是耐心。我为我的学员感到自豪，他们不愧为上海优秀的思政课教师。他们明白这本书的重要意义，他们对自己的要求近乎苛刻。精益求精，是我们一致的追求。

这是一本重在求证的书。

这本书涉及大量的文史知识，这并不是我们的强项。所以我们格外认真，小心求证,不容出错。比如在"经典品读"这一栏目中,经典的话语好找,但是对于经典话语背后的故事,也就是追根溯源这部分还是比较难的,既要让读者有兴趣去看,又要有史为证。一位学员举了一个例子:

例如"勿以恶小而为之,勿以善小而不为",这句话是刘备临终前给其子刘禅遗诏中的话。讲解这段话原先引用了一个历史背景,那就是关羽孤军北伐曹魏,水淹七军。但对此有一些质疑声,认为水淹七军也不一定是关羽个人所为,不排除天灾,也有人认为这样的形容感觉是戏文,比较夸张,等等。所以在斟酌之后,还是将这一部分删去,只陈述与本资料相关的那部分内容。

还有一位学员举了这样一个例子:

"良言一句三冬暖,恶语伤人六月寒"这句话,网上多说是出自《增广贤文》,但是她到李冲锋译注的《增广贤文》(中华书局2021年版)原文中却没有找到,只在"好言难得,恶语易施""伤人一语,利如刀割""利刀割体痕犹合,恶语伤人恨不消"等意思相近的语句的"点评"部分才找到这句话。她进一步检索中国基本古籍库后发现,元曲《西厢记》中有"别人行甜言美语三冬暖,我根前恶语伤人六月寒"一说,而明清小说、子弟书中多用类似话语劝人说话留些口德,如"甜言一句三冬暖,恶语伤人六月寒""甜言蜜语三冬暖,恶语伤人六月寒",用字已与现在接近。所以她推测,我们现在教材中读到的"良言一句三冬暖,恶语伤人六月寒"这句话,应该是明清时期才逐渐定型的一句俗语。

由此可见我们的老师在文史领域以严谨的科学态度"做学问"。为了能够精准地解释词义、句意,我们买了整套《辞海》《四库全书》《说文解字》等。有些解释是网上找出来的,但是都要在这些工具书中得到印证,要查找出处,查找资料的源头。我们不仅增长了文史知识,也提升了研究能力。

这是一本通力合作的书。

合作也要讲究方法,特别是大家同写一部书,要热情而又有规范,齐心协力,步调一致非常重要。讨论,写出模板,讨论模板,修改模板,讨论确认模板,大家按模板写各自章节,研讨各章节,修改,再修改……一步一个脚印,规范推进。担负写模板的老师很累,是"先遣队",是"铺路石",写得最累,改得最多,饱受"折腾",任劳任怨。一位老师是这样回忆她写模板经历的:

记得我被要求负责"孝"的框架结构以及行文安排,以提供模板给大家讨论时，我胆战心惊。从无到有的甘苦，唯有亲历者才能体会。

孝文化源远流长，是中华民族传统文化的核心，历经几千年的发展和演变，不断在继承传统中传承与扬弃，在与时俱进中发展与创新。到底要选择哪些内容？以及如何组织和呈现这些内容，才能讲清楚孝文化？这些着实困扰了我很久。在反复研读相关文件、教材等资料，并查阅大量文献资料的基础上，经过和大家反复讨论，最终确定了"孝亲敬长是传统美德""百善孝为先""老吾老以及人之老"三个不同层次，从孝敬最亲近的人逐步扩展到形成尊重老人的社会常态，构建起由近及远的逻辑关系。

关于内容的呈现，也是颇费周折，讨论中大家各有精妙想法，挑选的内容也是丰富多彩，让我体会到了什么是"选择恐惧症"，还未动笔就已经花费了大量的精力。但这样精挑细选的内容，是有特色的，有代表性的，是集体智慧的结晶。

教学案例的选择，也讨论了许久。如何在教育教学的过程中落实好孝文化教育，才是根本所在。简单地生搬硬套传统孝文化显然是不行的。案例的选择，我们考虑了不同的内容、不同的年级以及不同的活动形式等诸多因素，同时还考虑了如何表述，才能清楚地表达活动的意图和操作的要求……修改最多的一个案例，我记得根据大家的意见改了不下五次，从内容的确定到过程的描述，再到最后不同字体的选择和呈现，我们追求精益求精。

通过这位老师的描述，大家可以想象到我们是如何精诚合作、规范推进的。

感悟和希望

老师们都说，这次合作是领导力、执行力、凝聚力、思辨力、创造力、耐久力"六力融合"。

我觉得归纳得很好，这是一次很成功的合作。能和我的这些学员，这些上海思政学科的优秀教师一起学习、争论、写作，是我宝贵的经历和幸福的回忆——

这是一次自我突破。

本书是一种新的体例，是一次全新的写作体验。跨界的领域、严苛的要求、集体的推进，都充满挑战。能把这本书完成，是职业幸福感的一次升华。回望这一路，正是基地全体学员的齐心协力，才能让我有幸接触梦想，成就梦想。我深怀激动与感恩，用大家的话说，这两年是"值得一过的生活"。

这是一次自我提升。

撰写书稿的过程是自我总结、反思与检测的过程。我将自己的教学经验、教改思考都融进这本书中,是我最近几年的实践和研究的结晶。同时,作为一名思政课特级和正高级教师,我的学科知识是否广博、文化内涵是否丰富、研究思考是否深刻,也在这一过程中得到检验。我深感"学无止境",深感"三人行必有我师"。我非常感谢学员们对我的帮助,在这些优秀教师的身上,我学到了很多,包括学科知识、教学经验和进取精神。我和学员们相互学习,相互成就。

这是一次自我激励。

这次写作,也让我重温了"初心"。在这些教师身上,我看到了自己当年的影子。长江后浪推前浪,后生可畏,作为"带头人",我还需要做什么?向年轻人学习,应该是我继续前进的重要一课;和年轻教师一起成长,是我后半征程的重要使命。

这本书,是我和我的伙伴们又一新征程的开始。

希望这本书,能在思政教学第一线发挥作用,被师生喜爱。

希望我们这个团队,继续努力,为思政学科、为教改做出更多的贡献。

希望道德与法治课能在落实中华优秀传统文化教育方面卓有成效,不负重托,不辱使命。

作为项目负责人,我提出了项目的研究思路和本书大纲框架,项目组成员分工进行撰写。具体分工:许晓芳撰写前言,苏玉青撰写第一章和第二章,张娟凤、徐建英撰写第三章,倪科嘉、周薇宁撰写第四章和第六章,徐志华撰写第五章,唐月丽、黄毅菁、赵国祥撰写第七章,查永浩撰写第八章,唐月丽撰写第九章和第十章。最后全书由许晓芳、唐月丽、徐志华负责统稿、校对工作。本书编写历时近两年的时间,限于研究者的学术视域和研究能力,对于一些问题的思考还有待进一步深入。在撰写的过程中,承蒙方培君、吴国平、郑桂华、刘芳等老师的不吝赐教,得到上海市教师教育学院、上海教育出版社的大力支持与帮助,在此致以由衷的谢意。

许晓芳

2023 年 3 月

第一章

修善博爱

Xiu Shan Bo Ai

取诸人以为善，是与人为善者也。故君子莫大乎与人为善。

——《孟子·公孙丑上》

　　"善"在中华优秀传统文化中具有重要的特质和核心价值，它是人性和人生态度的反映。宣传和弘扬善文化是突出时代精神、构建社会主义核心价值观的客观需要。

　　友善是社会主义核心价值观中的基本道德规范，它是构建和谐人际关系和社会关系的道德纽带。友善即与人为善，要求人们善待亲友、他人、社会、自然，它体现的是优秀的个人品质，是每一个公民应当积极践行的价值理念。特别是在现今复杂的社会环境中，培育和践行友善的价值观，有利于缓解社会矛盾、稳定社会秩序、促进社会和谐。

　　"仁爱"是中华文化的核心力量。中国人崇奉以儒家"仁爱"思想为核心的道德规范体系，讲求和谐有序，追求全面的道德修养和人生境界，崇尚"己所不欲，勿施于人""己欲立而立人，己欲达而达人"的"仁爱"原则。加强中华优秀传统文化教育，就是要在全社会，特别是在广大青少年中开展以仁爱共济、立己达人为重点的社会关爱教育。

第一节　知善懂爱,崇德向善

一、探源解读

儒家的"善"思想是以"仁"为基点,强调礼和义,重视"以礼节欲""惟义尚权"。孔子作为儒家的创始人,开创了仁学。"仁者爱人",仁爱的德性是一切道德的根基,而且要成为自我人格修养的一种至德境界。

儒家文化的博爱情怀,源于商周时期形成的仁的观念。仁是博爱的母体,但在文本的层面,此时的仁尚未与爱关联起来。作为一种厚重的情感,爱的生发有"类"或血缘的生理基础:"凡生天地之间者,有血气之属必有知,有知之属莫不知爱其类。"意为天地之间的万物,只要是有血肉有气息的动物,必定有知觉;有知觉的动物,没有不爱自己同类的。落实在人身上,爱引出的是人内在的高级心理需要。需要本身基于生理的驱动力,属于"类"的行为,进入价值领域,是与仁德直接联系。到春秋时期,仁与爱开始互为训解,并从根本上呼应了普遍的人道关爱与和谐群体的中国社会发展需要。

(一)说文解字

1. 说"善"

最早的"善"字,要算周代中期"克簋"里的"善"了。"善"的形体,是上面一只"羊",下面两个"言"。从全字的结构来看,以"羊"表意,以"二言"表音,有人说"羊"有驯良美好的品性之意,所以"善"的本义是"良""好""驯善",其后又引申出"友好""擅长""赞许""容易""熟悉"等意思来。①

---

① 陈政.字源谈趣[M].南宁:广西人民出版社,1986:351.

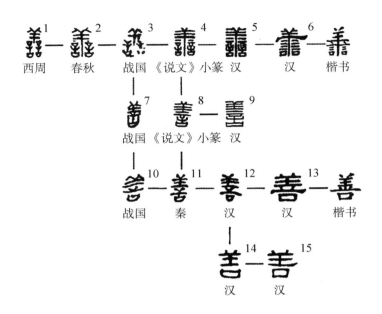

"善"字字形演变流程图①

在《辞海》中,"善"与"恶"相对,是一定社会或阶级对符合其道德原则和规范的行为的肯定评价,具有时代性和民族性。善与恶是对立的统一,历史上它们相比较而存在,相斗争而发展。其总的趋势是邪不压正,善战胜恶。评价善恶是有客观标准的:一切有利于社会的进步或者对历史发展起促进作用的,就是善;反之,就是恶。

2. 说"爱"

"爱"字直到战国时代,才开始在"中山王方壶"(图A,金文)、"中山王圆壶"(图B,金文)和战国印(图C,金文)里出现。"爱"由"欠"(或"旡")和"心"两部分构成。图(D)的小篆继承了金文(图C)的形体,只是把"欠"变为"旡"了。但秦始皇并吞六国以后统一使用的小篆"爱"(图E),字脚却多了一只向下的足(夂),以表示"爱"是一种行为与行动,反而把字繁化了。因为脚趾向下,所以表示由远而近的行动。②

———————————

① 李学勤.字源[M].天津:天津古籍出版社,2012:196.

② 陈政.字源谈趣[M].南宁:广西人民出版社,1986:17-18.

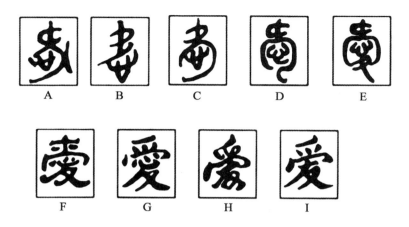

"爱"字字形演变流程图①

《辞海》中对于"爱"是这样描述的:爱,喜爱;爱好。如:爱祖国,爱劳动。《庄子·德充符》:"所爱其母者,非爱其形也,爱使其形者也。"引申为友爱。《左传·隐公三年》:"兄爱弟敬。"

修善,以善自勉,行善。博爱,普遍地爱所有人或物。无论是善,还是爱,最终指向的是人们内心对于美好的向往,凝聚着中华民族最深层次的精神追求,需要我们不断挖掘、阐发、实践,使之根于心、践于行。

(二)沿袭与发展

1. 关于"善"

善文化是人类文化的智慧结晶。从古至今,跨度很长,范围也很广。早在春秋战国时期,我们的先人便对"善"这一价值观进行了阐释。春秋时期法家代表人物管仲提出"善人者,人亦善之",认为你对别人好,别人自然也会对你好,对你的善行做出正面回应。

在儒家思想中,孔子认为善亦为仁德。他认为人心要向善,这样其言行必然也会体现内心的善念。"君子成人之美"也是出于善念,君子心胸坦荡,明知善恶,会尽自己的一切努力成全每一桩美事。同时他认为,行善还要学会换位思考,站在对方的角度思考问题,"己所不欲,勿施于人"。自己不想做的不强加于

---

① 陈政.字源谈趣[M].南宁:广西人民出版社,1986:17-18.

他人,这是善的最高境界,为政如此,待人处世也是如此。诸如此类的思想对当代发展仍起着重要作用,行善使这些思想得以升华和延续。

老子在他的哲学著作《道德经》中,也对"善"进行了阐述。他认为"善"是讲究原则与精神的,符合并体现"道"。例如"上善若水",有了这样的智慧,就能以"柔弱胜刚强"。而这种"柔弱"并非性格上的懦弱胆小,而是公而忘私的天下胸怀,这样才能实现人与人之间的友好相处,社会才能和谐稳定。

"人之初,性本善"这句出自《三字经》的脍炙人口的名句,就表达了人们对善的朴素理解。它认为人出生之初,禀性本身都是善良的。

在一些传世的家训中,也有比较经典的对"善"的阐述。例如《朱子家训》这部家教名著中,就用流传至今的名句"善欲人见,不是真善"精辟地阐明了修身治家之道;被广泛引用的"积善之家,必有余庆;积不善之家,必有余殃",影响了多少代人以积德行善作为治家理念。

明代袁黄所著训子善书《了凡四训》,也指出"行善则积福,作恶则招祸",并结合自身经历告诫子孙要行善积德,鼓励向善立身,慎独立品,自求多福,远避祸殃。该书自明末以来流行甚广,对于个人品德修养与处世之道方面都可借鉴。

毛泽东同志提出的"全心全意为人民服务",也是向善思想的核心内容之一,"向雷锋同志学习"亦是"积善"的体现。2012年,友善被列为社会主义核心价值观之一,成为社会交往和发展中对个人提出的一项重要道德要求,成为处理人际关系的基本准则。[①] 在新时代中国特色社会主义理论体系的建设中,再一次肯定了建设社会主义核心价值观的重要意义和作用,对如何建设社会主义核心价值观提出了前进路径和方向。因此,友善作为一种我国社会核心价值观念应被贯彻到人们生活行为的各方面。

2. 关于"爱"

仁爱精神是儒家文化的重要特色,具有超越时空的魅力和价值。儒家仁爱精神内涵深邃,核心可以归结为孝悌与博爱。孔子说的"泛爱",实际上就是"博爱"。《论语》载:"樊迟问仁,子曰:'爱人。'"这里"爱人"指的就是泛爱所有的人。孟子说:"仁者爱人,有礼者敬人。"又说:"亲亲而仁民,仁民而爱物。"这里

---

① 刘云山.着力培育和践行社会主义核心价值观[J].求是,2014(2):3-6.

的"爱人"与"仁民"意思是一样的,也就是普遍爱人的意思。所谓"亲亲而仁民",是讲由孝悌以至博爱;所谓"仁民而爱物",是讲仁者爱人,也可以"泛爱万物"。

除了儒家,墨家、道家都对"爱"这个话题有着自己的见解。其中,墨家的"兼爱"可谓是其中论述最深入、最系统的一家。"兼爱"是墨家道德思想的核心观点,它的提出与当时的社会现实有不可分割的关系。墨子从伦理道德的角度分析社会动乱的根源,将君臣、父子、诸大夫之间的矛盾与冲突归结为"不相爱",指出解决问题的方案就是"兼爱"。"兼爱"有两个基本内涵:一是爱人若爱己,二是爱别人才能得到别人的爱。墨家作为百家争鸣的春秋时期不可忽略的思想学派,其主要思想在今天依然有着深远的影响。

无论是"仁爱"还是"兼爱",儒家和墨家都将爱作为为人处世的原则,试图通过将心比心来处理人与人之间的关系,达到人际关系的和谐。

在近代,孙中山也曾不遗余力地宣传"博爱"思想,他认为,"博爱"是"人类宝筏,政治极则",是"吾人无穷之希望,最伟大之思想"。孙中山一生以天下为己任,以爱人类、爱和平、爱国家和爱民族作为其奋斗的理想和目标。他的"博爱"思想反映了中国人民的共同愿望和世界多数民众的共同追求。

在当代,"仁爱"思想不断地被深化和提升。关爱生命,敬畏生命,体现了我们对每一个生命体的爱;构建人类命运共同体,体现了我们对全人类的爱,可以说构建人类命运共同体这一理念,是建立在全人类共同认可的道德基石之上的;人与自然和谐发展,体现了我们对大自然以及自然中的事物的爱……

(三)教育意义

倡善之念,修善之为,是中华优秀传统文化教育的核心。千百年来,善有传承,经久不衰,善的理念影响了一代又一代人,这些都是我们宝贵的精神财富。

1. 修善提升人生境界,积极营造和谐社会

随着社会经济的发展,人们的物质生活不断得到充盈,生活日渐舒适,但生活中也充满着各种诱惑与挑战,一些人对人情的冷漠,对道德的轻视,对文化的疏离使得心灵不加约束,行为没有底线,人生态度比较消极。所以在当今,修善自己的人生,注重内心修养,提升人生境界,且学会爱自己、爱别人、爱社会、爱国家尤为重要。我们要用发自内心的爱温暖身边的每一个人,积极营造一个和谐

的社会。

2. 深耕厚培仁爱思想，提供丰富思想资源

中华优秀传统文化是中华民族的精神命脉，孕育了中华民族宝贵的精神品格，也为社会主义核心价值观提供了丰富滋养。当代的社会主义核心价值观传承了中华优秀传统文化，仁爱就是其重要的思想源泉。儒家仁爱思想至今仍有借鉴价值，深耕厚培、延伸拓展，可以为培育和践行社会主义核心价值观提供丰厚的思想资源。

3. 注重思想道德建设，形成向上向善力量

"国无德不兴，人无德不立。"因此，我们要加强全社会的思想道德建设，激发人们形成善良的道德意愿、道德情感。在社会生活中培育正确的道德判断和道德责任，提高道德实践能力，引导人们向往和追求讲道德、尊道德、守道德的生活，形成向上的力量、向善的力量。只要中华民族一代接着一代追求美好崇高的道德境界，我们的中华民族就永远充满希望。在不断增强文化自信、实现中华民族伟大复兴的进程中，培育弘扬中华优秀传统善文化，推进社会向上向善力量的形成，是国有德而兴、人有德而立的基础。

二、经典品读

随着社会的发展，人们的活动范围越来越大，人与人之间的交往也越来越频繁。在社会生活中我们不可避免地会与同学、家长、老师、朋友等进行交往，有时可能还会产生一些矛盾和冲突，此时，与人为善成为人们沟通相处的基本准则，是人们达成共识、融洽相处的前提条件。中华优秀传统文化中有关"友善""仁爱"等思想为我们的交往带来很多启示。

（一）友善的动力来自内心的仁爱

友善是爱心的外化，只有内心善良，才会去关爱他人，尊重他人，平等对待每个人。每个人只有自己内心有仁爱之心，才能够把这种爱传递给他人。六年级（全一册）①第四单元《生命的思考》之"探问生命"中，就引用了孟子的"仁者爱人"。

---

① 本书所参考的教材均为义务教育教科书（五·四学制）统编教材。

【原文】

孟子曰:"君子所以异于人者,以其存心也。君子以仁存心,以礼存心。仁者爱人,有礼者敬人。爱人者,人恒爱之;敬人者,人恒敬之。"

——《孟子·离娄下》

【释义】

孟子说:"君子之所以和普通人不一样,其区别在于居心。君子居心在于仁,在于礼。有仁的人爱别人,有礼的人敬重别人。爱别人的人常常被人爱,敬重别人的人常常被人敬重。"

【追根溯源】

"仁者爱人"出自《孟子·离娄下》。仁者是指充满慈爱之心、满怀爱意的人,也可以理解为具有大智慧和人格魅力的善良之人。"仁者爱人"的具体语境,出于孟子谈论君子与普通人的分别。"仁者爱人"这句话虽然出自《孟子》,但这个观念却是直接继承孔子的。根据《论语·颜渊》的记载,樊迟曾经向孔子请教,到底什么是"仁",孔子的回答就是"爱人"。由此可见,孔子和孟子都对"仁"这个概念极其重视,而对于"仁"的理解,也都高度一致:所谓"仁",就是"爱人"。

两位圣人对"仁"如此重视,因为"仁"是整个儒家学说的核心,是儒家道德规范体系的根本原则,其他道德规范都贯穿和体现着"仁"的要求。用宋代大儒朱熹的话来说,就是"百行万善总于五常,五常又总于仁""仁义礼智四者,仁足以包之"。

孟子继承了孔子的仁政学说,是位非常有抱负的政治家。在诸侯国合纵连横、战争不断的时期,作为锐捷的思想家,孟子意识到了当时的时代特征和趋势,建构了自己的学说。与孔子一样,他力图将儒家的政治理论和治国理念转化为具体的国家治理主张,并推行于天下。在孟子看来,仁爱的实行是人人皆可为的,和阶级地位无关。所有人在仁者的眼中都是平等的,没有高下贵贱之分,这才是真正博爱的体现。

【学习意义】

中华优秀传统文化中的善文化,潜移默化地影响着中国人的思想方式、价值观念和行为方式。今天,我们提倡和弘扬社会主义核心价值观,必须从中汲取丰富营养,这样才有持续的生命力和影响力。"仁者爱人""推己及人""老吾老以及人之老,幼吾幼以及人之幼""休戚与共"等思想和理念,不论过去还是现在,让我们学会如何去爱自己、爱别人、爱社会、爱国家,都有其鲜明的民族特色和独特的时代价值。例如疫情期间,逆行者万众一心、奋力拼搏,为挽救生命而努力,为守护生命而拼搏⋯⋯他们的行动体现了对于生命的尊重和珍视,他们爱惜每一个生命,不放弃每一个生命。这种生命至上的理念体现了仁爱、博爱的时代发展需求。

当今世界正处于一个新时代,经济全球化以及信息化、智能化使得整个世界发生着日新月异的变化,价值的多元、环境的污染、生态的危机等成为全球性问题。在探讨解决这些问题时,儒家"仁者爱人"所凸显的"以人为本"的价值观,为我们提供了丰厚的思想资源。我们只有始终坚持把尊重人、爱护人、服务人,促进人的自由和全面发展作为根本的价值目标,才能解决这些问题。构建人类命运共同体亦是儒家仁爱思想的体现,是更高层次的爱,体现了天下一家,也更让我们体会到了发扬儒家仁爱思想的精粹,能促进人与人、人与社会、人与自然的和谐。

(二) 与人为善要从身边小事做起

一个人态度与观念是否正确对于自身的成长有着很大的影响。有时候善恶就在一念之间,态度、观念稍有偏差,行为也会偏离正确轨道,产生的后果也会不一样,所以即便是生活中的小事,我们也要认真对待。七年级(全一册)《青春时光》这一单元讲到"止于至善"时,就提到了每个人可以从点滴小事做起,积少成多,积善成德。

【原文】

朕初疾但下痢耳,后转杂他病,殆不自济。人五十不称夭,年已六十有余,何所复恨,不复自伤,但以卿兄弟为念。射君到,说丞相叹卿智量甚大,增修过于所望,审能如此,吾复何忧!勉之,勉之!勿以恶小而为之,勿以善小而不为。惟贤惟德,能服于人。汝父德薄,勿效之。

——《诸葛亮集》

【释义】

我最初只是得了一点痢疾而已,后来转而得了其他的病,恐怕自己难以挽救了。五十岁死的人不能称为夭折,我已经六十多岁了,又有什么可以遗憾的呢?所以我不再为自己感到伤心,只是惦记着你们这些兄弟。射援先生来了,说丞相(诸葛亮)赞扬你的智慧和气量,有很大的进步,远比他所期望的要好,要真是这样的话,我又有什么可忧虑的呢?努力,努力!不要因为坏事很小而去做,也不要因为好事很小而不去做。只有拥有才能和高尚品德,才能让别人信服。你父亲我德行还比较浅薄,你不要效仿。

【追根溯源】

建安二十四年(219 年),刘备在汉中之战中斩杀曹操名将夏侯渊,击败曹操,占据战略要地汉中。刘备部将关羽孤军北伐曹魏,虽然围曹仁于襄阳,但是荆州后方空虚,东吴违背湘水划界约定,在背后倒戈一击,吕蒙乘机夺取荆州,最后关羽被吴军擒获,遭到杀害。"失荆州"使得刘备元气大伤,蜀汉政权也开始走下坡路。刘备后来去讨伐吴国,为关羽报仇,被陆逊击败,退到了白帝城。

刘备在白帝城一病不起,他虽然知道诸葛亮等人对于自己十分忠心,但对自己的儿子不太放心。他认为只要把儿子交给诸葛亮,诸葛亮定会尽责地把他扶起来,因为他知道诸葛亮的责任心非常强。刘备召诸葛亮等人托孤,他对诸葛亮说:"如果你看阿斗是个当皇帝的料,你就辅佐他;如果他不是个当皇帝的料,你就自行取度吧。"诸葛亮哭着说:"我一定尽我所能去中兴大汉,为了大汉竭智尽忠,直到死那一刻。"

上引这段话是刘备临终前给儿子刘禅遗诏中的话,劝勉他要进德修业,有所作为。好事要从小事做起,积小成大,也可成大事;坏事也要从小事开始防范,否则积少成多,也会坏大事。所以,不要因为好事小而不做,更不能因为坏事小而去做。小善积多了就成为有利于国家的大善,而小恶积多了则会导致国家不安定。

【学习意义】

我们在生活中会遇到各种各样的小事,如何处理,每个人的做法不尽相同。例如:看到老人跌倒扶不扶?看到父母忙碌理不理?看到地上的废纸捡不捡?

看到同学有困难帮不帮……这些其实都是对我们每个人的考验。"勿以恶小而为之,勿以善小而不为",这是古人留给我们的谆谆教诲。这句话强调的"善"与"恶",其实都是小事,但"做"与"不做"其实与一个人的素质、品格、道德紧密相关。

中华民族崇尚善、向往善,也追求善。我们提倡向雷锋同志学习,积极参与志愿者服务活动等,都是在助人为乐、服务人民,积小善为大善,这是在传承中华民族传统的善文化。毛主席关于学雷锋有一段极其重要的讲话:"学雷锋不是学他哪一两件先进事迹,也不只是学他的某一方面的优点,而是要学他的好思想、好作风、好品德;学习他长期一贯地做好事,而不做坏事;学习他一切从人民的利益出发,全心全意为人民服务的精神……"从这段话中,我们可以更深一层地体会到什么是"善"。我们每天都可以做很多好事,每天都可以行善,关键在于我们是否真的去做,能不能坚持做下去。人这一辈子,做一件好事容易,难的是做一辈子好事;与人为善,我们要学会从身边的点滴小事做起,积少成多,积善成德。

(三) 友善是建立良好人际关系的纽带

与人交流时,友善的态度可以增进人与人之间的距离。教材八年级上册第二单元《遵守社会规则》讲到"以礼待人"时就提到了要讲善语、结善缘。

【原文】

好言难得,恶语易施。

伤人一语,利如刀割。

利刀割体痕犹合,恶语伤人恨不消。

——《增广贤文》

【释义】

对别人有益的话很难听到,伤害别人的话却很容易说出口。

一句伤害别人的话语,就像用锋利的刀割人一样厉害。

锋利的刀刃割伤了身体,伤口还是可以愈合的;恶毒的话语伤害了别人,积下的仇恨却是不容易消除的。

"良言""恶语"类似的话在先秦儒家代表人物荀子的《荀子·荣辱》中曾提到过:"故与人善言,暖于布帛;伤人以言,深于矛戟。"意思是对人说好话,比棉袄还暖和;对人说不好听的话,比用长矛扎的伤害还深。

《增广贤文》是中国明代时期编写的儿童启蒙书目,书中集结中国从古至今的各种格言、谚语。后来,经过明、清两代文人的不断增补,才改成现在这个模样,通称《增广贤文》。上文摘引的这三句,跟"良言一句三冬暖,恶语伤人六月寒"立意相近,都是告诫人们讲话要合时宜,不要恶意中伤别人。

著名的元曲《西厢记》中也有"别人行甜言美语三冬暖,我根前恶语伤人六月寒"一说,而明清小说、子弟书中多用类似话语劝人说话留些口德,如"甜言一句三冬暖,恶语伤人六月寒""甜言蜜语三冬暖,恶语伤人六月寒",用字已与现在接近。所以我们现在教材中读到的这句"良言一句三冬暖,恶语伤人六月寒",应该是明清时期才逐渐定型的一句俗语。

言语可以给人带来温暖,也可以给人带来伤害。不论是以善言"暖于布帛"、恶言"深于矛戟"做比喻,还是"三冬暖""六月寒",都形象地说明了善言、恶语带给人们的感受。

【学习意义】

"友善"是人际交往中必须具备的道德品质,与人为善才能促进人际关系的和谐。友善的态度,能够拉近人与人之间的距离。如果我们每个人都能以"与人为善"的态度去处理日常生活中繁杂的人际关系,那么我们的生活会更加和谐。

语言是传达感情、沟通交流的工具。有时候,一句温馨的问候,一次亲切的对话,都可以增进人与人之间的情感交流,改善人际关系。在家庭生活中,我们要善待每一位亲人,对待老人主动嘘寒问暖,对待父母言行尊重,和亲戚朋友亲切交流,积极营造和谐温暖的家庭氛围;在学校生活中,我们要友善地对待老师和同学,当产生冲突时,善意的沟通交流能更好地解决问题,以构建良好的师生关系;在社会生活中,我们要有与人为善的宽厚,通过自己的言行传递友爱、传递温暖,为构建和谐社会贡献自己的一分力量。

第二节 积善成德，行善友爱

在社会主义核心价值观中，"友善"是对公民维系良好人际关系和社会关系的基本道德规范。在初中阶段各个年级，都有涉及善文化的内容，从家庭到社会再到国家，从个人修养到树立全球观念，内容各有侧重。

一、课程内容梳理

六年级教材侧重点是与人为善。在交往中，通过理解、关爱、帮助等，向朋友、师长甚至是陌生人传递"善"的力量，以此搭建人与人之间良好关系的桥梁，自觉主动地与他人建立和谐的关系。

七年级教材侧重点是自我修善。从中国传统文化视角阐述青春的格调在于修美德，向往美好，永不言弃的精神。从小事做起，积善成德，学习榜样，做到慎独，修身为本，行走在"止于至善"的路上是对青春最好的证明，将青春活力化为正能量。从而也体现青春的格调在于修炼自己，修美德，修善，成为更好的自己。

八年级教材则是围绕社会生活讲道德，引导学生要尊重他人，关爱他人。关爱他人，则要心怀善意，尽己所能。同时我们在服务社会过程中，要增强自己的责任感和责任心，勇担责任，在服务他人、奉献社会中实现自己的全面发展，将自己的善意落实在善行中，让更多的人能够在这个社会大环境中，感受到友善，感受到大爱。

九年级教材强调的是要有大爱。构建人类命运共同体，不仅体现人与人之间的相互关爱，也体现了国家与国家之间的休戚与共。引导学生树立全球观念，心中有大爱，关心人类的共同命运，积极行动、积极参与。

二、学生的声音

初中的学生在不断扩展的生活中需要处理与自我、他人、集体、社会和国家等方面的关系。正确处理好各种关系对培养学生的交往能力和促进其健康成长有着重要的意义。"与人为善"是人与人交往过程中最基本的道德规范,然而现实生活中,学生常常会有这样一些困惑。

学生声音一:我们每天都可能与无数的陌生人有接触,当陌生人提出需要帮助时,我们要帮忙吗?万一是别人讹我们怎么办?

学生声音二:生活中,有些同学对我不是很友好,我还要和善地对待他们,不是太傻了吗?

学生声音三:有时候我明明是想关心家人,想和家人沟通交流,但是话没说几句就会起争执,我该怎样表达爱?

学生声音四:有些小孩子很喜欢小动物,吵着闹着要养。但是时间一长,不耐烦了,就把它丢弃了,这样的行为能说是爱小动物吗?

……

三、教学实践

"修善博爱"不仅是一种精神境界,也是一种追求美好的实践过程。我们要从身边人身边事做起,只有小事做实了,才能迈出坚实的一步。有些事情看起来很小,但是它同样能为我们传递善和爱。

【案例一】

教学主题:善的力量

教材链接:七年级(全一册)第一单元《青春时光》之"青春有格"

教学情境:在我们身边,其实有很多需要关心、需要帮助的人,但学生似乎不知道该怎么做才能帮到他们。为此,教师可以利用与教材上一篇阅读感悟相关的文章作为案例,设计两个问题,让学生阅读分析,并思考交流。

2004年底,印度洋突发海啸灾难。一对中年夫妇走进青岛市红十字会,他们说要替朋友为印度洋海啸灾区的灾民捐款五万元。当工作人员问其姓名时，他们留下了"微尘"的化名。

在青岛市红十字会记录中，"微尘"在非典期间捐款两万元，在新疆喀什地震时捐款五万元，为白血病儿童捐款一万元，向湖南灾区捐款五万元……对于普通的个人捐款者来说，这些数目不算小，而这对中年夫妇却说："人都应该有一颗同情心，自己是一个很平凡的人，做的事也很微小，就像一粒微不足道的尘埃。我们只想平静地做些该做的事。"

这对热心公益事业、化名"微尘"的好心人，多次捐款且数额较大，却一直不愿露面。于是，青岛市民开始了寻找"微尘"的行动。当人们正在努力寻找"微尘"时，一个又一个"微尘"出现了。截至目前，青岛市红十字会收到的上千笔捐款中，很多捐助者都署名"微尘"。每一双充满善意的援手，每一张不同模样的面孔，都记录下一个共同的名字——"微尘"。在青岛，"微尘"正在凝聚更多的爱心。"微尘"已经超越了一个名字的称谓，成为一个不留姓名、无私援助公益事业的群体，一种诠释爱心的精神符号，一个青岛公益事业的固定品牌。

思考：

（1）"微尘"是通过什么方式来传递爱、传递温暖的？

（2）如何理解"微尘"的平凡与伟大？

第一个问题其实是让学生知道我们可以怎么做，而第二个问题则是让学生深刻地理解这样做的意义。

关于传递爱、传递温暖的方式，结合情境，学生很容易会答出红十字会，从而了解红十字会是一个社会救助团体，对需要帮助的人施以援手。"微尘"则是通过捐款的方式来表达善意，传递爱、传递温暖，帮助他人走出困境，这也体现了对那些需要帮助的群体和个人的尊重、关注和关怀。人与人是在相互依存和彼此关切中感受温暖、传递温暖的。我们的社会需要有公益心的人，其实不在乎捐多少钱，重要的是有这样的爱心。学生可以通过这样的方式去关爱那些需要帮助的人。

第二个问题则是引导学生了解"微尘"做的是小事，体现的却是大爱。之所以平凡，学生普遍都能理解，因为"微尘"本身就是青岛的普通的市民，做的事情很微小、很平常，也是自己能做的；而之所以伟大，因为他们是一个充满爱心的群体，频繁出现在青岛市各种公益活动中，现在已成为一个爱心公益的品牌。"微尘"传播的是小善,成就的是社会的大爱,其实就是让学生明白我们全社会需要这样的爱心和善意,都需要传递这些"小善"。

我们每个人都希望生活在友爱的氛围中,希望自己的周围充满善意、善良、善举。善是一种力量,要营造一个温暖和谐的生活、学习环境,需要我们每个人的共同努力。通过思考交流,引导学生了解我们也可以像"微尘"一样,从小事做起,以友善的态度对待他人,积少成多,积善成德,通过自己的实际行动努力追求"至善"。

【案例二】

教学主题:冷漠与关切

教材链接:六年级(全一册)第四单元《生命的思考》之"活出生命的精彩"

教学情境:在我们的身边,当有人需要帮助时,我们可能会因为这样或者那样的原因拒绝,其实换位思考一下,没有人愿意遭遇冷漠,所以我们要学会设身处地地思考并善待他人。但是有时候我们在帮助他人的时候还是会犹豫,为此教师在课上选用了盛晓涵的案例设计了一个活动环节。

教师在课堂上播放"2021感动上海年度人物"(盛晓涵)的视频。

出示相关补充资料:

2020年10月27日晚上,63岁的王伯伯参加了一场高中同学聚会,可走出饭店还没两步,突然倒地不起。正当大家手足无措时,一名稚嫩的少年挤入人群,在等待救护车的过程中,进行了一番有条不紊的心肺复苏,将王伯伯从鬼门关拉了回来。这名少年就是格致中学的盛晓涵。

事后,周边的大人们回想起来,其实为他捏了一把汗,他们都在担心:万一老人没有被救回来怎么办? 万一是"碰瓷"遭到讹诈又怎么办? 但盛晓涵说:"危急时刻,谁能想这么多?"其实学校进行过心肺复苏、救护包扎技能的培训和考核,这是第一次要"真刀实枪"上阵,盛同学心里也没有把握,但在当时的情况下,来不及考虑那么多,他只知道"不能看到生命在自己手里消逝"。

思考:

(1) 你怎么看待周边大人们的担心?

(2) 如果遇到这种情况,你会怎么做?

当问及"你怎么看待周边大人们的担心?"时,学生普遍认为社会还是有一定的复杂性,周边大人的担心也有一定道理。这其实也是旁人不愿意伸手相助最主要的原因。在我们的生活中,我们可能会遇到一些冷漠的人,遭遇一些冷漠的事情,但是当你遇上陌生人需要帮助的时候,你真的能袖手旁观吗?当然不能。所以教师要引导学生明白有顾虑是正常的,但是我们一定要懂得生命至上,我们要用心对待自己和他人,用善意去温暖他人、照亮他人,就像盛晓涵那样"危急时刻,谁能想这么多""不能看到生命在自己手里消逝"。

第二个问题其实就是要让学生明确遇到这种情况应该怎么做,如何做到既能帮到别人,又能保护好自己。有能力的一定要在力所能及的范围内帮助别人;觉得自己想帮却没有能力帮的,也不能袖手旁观,可以向周围人寻求帮助或拨打求助电话。当然,在帮助别人的时候一定要保护好自己,例如让周围的人做一下见证,或是用手机记录帮助的过程,或是找到最近的工作人员提供援手,条件允许的情况下尽量选在有摄像头的位置,等等。总之,我们要引导学生用自己的热情、真诚、给予,去感动他人、改变他人,这样才能构建良好的人际关系,共同营造和谐的社会。

【案例三】

教学主题:青春的证明

教材链接:七年级(全一册)第一单元《青春时光》之"青春有格"

教学情境:"止于至善"是一种"虽不能至,然心向往之"的实践过程,是一种向往美好、永不言弃的精神状态。有学生认为独善其身,方能"止于至善";也有学生认为仅仅独善其身是不够的,还要"兼济天下"。为此,教师在课上安排了一个辩论环节,让双方能自由表达观点。

甲方:独善其身,方能"止于至善"。

乙方:"止于至善"仅仅独善其身是不够,还要"兼济天下"。

课上,双方各选出四位同学,自由阐述各自观点。

甲方:"独善其身"需要以修身为本,需要更多的自律和毅力。"修身,齐家,治国,平天下",把修身放在首要位置,足可以看出修身对于我们个人成长的重要性。所以我方认为独善其身,方能"止于至善"。

乙方:仅仅独善其身是不够的,因为我们生活在社会中,一切社会的完善都是从个人做起的,但如果只独善其身而不能"兼济天下",那么独善其身有什么用?

甲方：一个人以宽广的胸襟、坚定的信念和高尚的品格，立身处世，始终对自己拥有信心、自我激励，无论何种境遇都不弃善从恶，即使他普普通通，我们能说他一事无成吗？鲁迅先生少年时家境陷入困苦，没有多余的时间用来学习，可是他依然每天挤出一点点时间，日积月累，将自己内心的思想和涵养沉淀，最终构成了文章的灵魂。这样的独善其身，难道没有意义？

乙方："止于至善"是一种人生境界，我们不否认独善其身的价值，但"止于至善"既然是无止境的追求过程，仅仅独善其身是不够的，还要有"兼济天下"的胸怀，"兼济天下"是更高层次的理想境界。鲁迅先生不也有"兼济天下"的胸怀吗？

甲方：……

伴随着学生生活的不断扩展，七年级学生对于人和事的思考认识更为深刻，而且他们愿意发表自己的看法，采用辩论的形式正好给予他们自由发挥的舞台，在辩论中不仅可以阐述自己的观点，同时也能从别人的观点中拓展自己的思维。

通过辩论，学生对独善其身和兼济天下的内涵有了更深一步的了解。其实两者是不矛盾的。《孟子》中有一句话"穷则独善其身，达则兼济天下"，意思是不得志的时候就要管好自己的道德修养，得志的时候就要努力让天下人都能得到好处。实际上你获得的越多，你身上的责任也就越大。"止于至善"需要以修身为本，先修身，再兼济天下，这些都是追求至善的人应当具备的品质。结合教材开展辩论，就是要引导学生懂得青春的格调在于修美德，要以修身为本，行走在"止于至善"的路上。

【案例四】

教学主题:构筑中国价值

教材链接:九年级(上册)第三单元《文明与家园》之"凝聚价值追求"

教学情境:在学习社会主义核心价值观的形成这一内容时，教材上的阅读感悟引用了2014年5月4日习近平总书记在北京大学师生座谈会上的讲话中的一段话。为了让学生理解中华优秀传统文化与社会主义核心价值观一脉相承的民族基因，请学生自己回去查找资料，课上进行交流。

课上，学生对自己整理的资料进行了交流。

学生1:《礼记·大学》中说："物格而后知至，知至而后意诚，意诚而后心正，心正而后身修，身修而后家齐，家齐而后国治，国治而后天下平。"这里面既有个人层面的要求,例如修身、诚心等,齐家应该是属于社会层面的,而天下平是属于国家层面的。社会主义核心价值观继承了这些思想,而且个人、社会、国家三个方面都有所体现。

学生2:《孟子·梁惠王上》中说:"老吾老以及人之老,幼吾幼以及人之幼。"由尊敬家里的长辈,推广到尊敬别人家里的长辈;由爱护家里的儿女,推广到爱护别人家里的儿女。爱所有的人,这是"仁爱"的表现。社会主义核心价值观传承了中华优秀传统文化,仁爱就是其重要的思想源泉。"仁爱"贯穿于家庭、社会、自然的道德要求之中,蕴含着中华民族独特的价值偏好和价值取向。

学生3:《增广贤文》中说:"一毫之恶,劝人莫作。一毫之善,与人方便。"坏事不能做,做些好事与人方便。这其实与"勿以恶小而为之,勿以善小而不为"一样,都是古人教导我们的善恶观。

学生4:……

学生在找资料之前需要有一定的理解,才能更有目的性地查找资料,对找到的资料进行整理可以更好地厘清相互之间的关系。通过交流,学生能够更深刻地了解到中华优秀传统文化已经成为中华民族的基因,植根在中国人内心,潜移默化影响着中国人的思想方式和行为方式。今天,我们提倡和弘扬社会主义核心价值观,必须从中汲取丰富营养,否则就不会有生命力和影响力。

中华优秀传统文化蕴含着巨大的精神财富。中国独特的文化传统、独特的历史命运、独特的基本国情,注定我们必然坚守植根于中华文化沃土又具有当代中国特色的价值观。社会主义核心价值观不仅是中国人民在共同生活中形成的价值共识,而且吸收了世界文明的有益成果,是当代中国精神的集中体现。弘扬社会主义核心价值观与继承中华优秀传统文化是一脉相承的。

四、主题活动

(一)活动主题

传递生命的温暖

(二)活动背景

六年级(全一册)第四单元的教学主题是"生命的思考",学生通过学习初步树立了正确的生命道德观念,激发起实现自己生命价值的热情和信心。但纸上得来终觉浅,传递生命的温暖要落实到具体行动上。传递生命的温暖,我们必须从小事做起,做到心中有他人,以实际行动帮助别人,践行"友善""仁爱"等中华优秀传统善文化,在体验实践中感悟生命的意义与价值。

(三) 活动目标

1. 通过观察发现校园里需要帮助的对象,引导学生从珍爱自己的生命走向关爱他人。

2. 通过活动的设计和践行,引导学生体悟友善的力量,践行中华优秀传统善文化。

(四) 活动内容和要求

通过细心观察,从日常生活中发现需要帮助的对象,设计活动方案,并去帮助他们。

具体要求:

1. 通过细心观察,每位学生从日常生活中发现需要帮助的群体或个人。

2. 以小组为单位,根据活动任务单,制订一份活动策划方案。

3. 小组到实地去落实活动方案。

4. 以小组为单位,用合适的方式展示活动过程,并分享活动感受与体会。

"传递生命的温暖"活动任务单

以下内容由组长填写
班级:_____ 学生:_____ 帮助对象: 帮助时间: 帮助形式: 实施过程: 实施反馈:

活动成果:PPT( ) 电子小报( ) 演讲稿( ) 其他( )		
以下内容由每位组员自行填写		
姓名		我的分工
活动过程		
收获与反思		

活动评价:
帮助对象真实存在;
实施帮助的过程切实可行;
帮助的行为得到认可。

自我评价:☆ ☆ ☆ ☆ ☆　　　小组互评:☆ ☆ ☆ ☆ ☆　　　教师评价:☆ ☆ ☆ ☆ ☆

第二章

律己奉礼

Lv Ji Feng Li

颜渊问仁。子曰:"克己复礼为仁。一日克己复礼,天下归仁焉。"

——《论语·颜渊》

在儒家学说中,"仁"是最高的道德原则和道德境界,那么如何才能达到"仁"的境界?在《论语·颜渊》之"颜渊问仁"这一典故中,提到约束克制自己,使自己的言行符合"礼"的要求,就可以称之为"仁"了。如果每个人都能自觉地用"礼"去约束自己的言行,天下就达到"仁"的状态了。

中华民族是礼仪之邦,待人接物有礼有节。一个有礼的人反映着良好的道德修养,总是受到他人的欢迎。从孔子时代开始,就不断地提倡做人要有"礼"。《论语》中孔子多次提到修德、修己,强调通过提高自身修养来塑造崇高人格。孔子提出"克己复礼"这一思想,是想让人们自觉地约束自己,用"礼"来正确处理人与人之间的关系,例如为君要仁、为臣要忠、为父要慈、为子要孝等,这些都是对我们言行举止的规范。"礼"作为儒家日常道德修养的关键思想,对于个人、社会都有着一定的影响。

第一节　知礼明仪,学礼律己

一、探源解读

"礼"起源于中国奴隶社会的典章制度,是奴隶社会及封建社会的道德规范。作为典章制度,它是奴隶社会政治制度的体现,是维护宗法与等级制度的上层建筑以及与之相适应的人与人交往中的礼节仪式。"礼"也是儒家政治哲学的核心。儒家认为,春秋时期的社会争乱,正是由于人欲横流、名分紊乱造成的。而要匡正这一时弊,唯一途径就是重建礼制。孔子就非常推崇周礼,要求用周礼来约束人们的一切行动:"非礼勿视,非礼勿听,非礼勿言,非礼勿动。"他非常强调的"正名",就是要辨明礼制等级的名称和名分,严格遵守"君君、臣臣、父父、子子"的等级秩序,使人人明白自己在社会中的位置,控制自己的"欲",不超出由"名分"规定的"度量"范围,从而消除争乱。

(一) 说文解字

我们今天见到的"礼"字,历经几千年的演变。在甲骨文(图 1、2、3)中,"豊"的顶部就像两串美玉,底部就像有支架的建鼓,从字形上看,古人最重要的礼是玉。两串玉下的鼓,看得出古人对送礼极为重视,那面鼓就是对送礼仪式的描绘,奏乐献礼,鼓乐为上。依形测义,古代的礼,至少有两层意思:礼是仪式,礼是物品。

发展至战国文字阶段,"豊"字下部构件被割裂为上、下两部分。下面变为一个"豆"字(图 7);上面的字形逐渐融合,进而演变为图 8、9 的形状。由于"豊"字的字形与"豐"(丰的繁体字)极为相似,常被混用,于是后人加"示"(祭桌)旁作"禮",左边代表神,右边是向神进贡的祭物,本义是"敬神"。

禮（礼） 11 来纽、脂部；来纽、荠韵、卢启切。

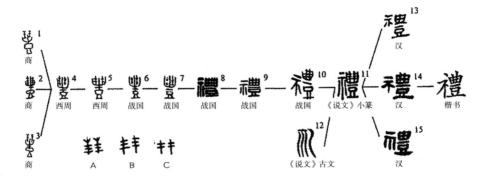

"礼"字字形演变流程图①

小篆（图11）继承战国文字（图8、9、10）字形。隶书将笔画平直化，或将"豊"上部两个中竖省去一个，如图13、15的形状。到了现代则将"禮"简化为"礼"。"礼"原是"禮"的异体字，是个"示"形、"乙"声的形声字。②

（二）沿袭与发展

中华民族自古就以礼仪之邦著称于世，礼仪是中国传统文化的重要组成部分。礼仪的形成和发展从无到有，从低级到高级，从零散到完整，经历了一个渐进的过程。几千年下来，"礼"渗透在政治、经济、文化、教育等各个领域。

早在远古时代，"礼"初见萌芽。由于当时缺乏科学知识，人们对于超自然现象充满敬畏，认为有"神灵"主宰人类的旦夕祸福、生老病死，于是产生崇拜心理，以各种仪式敬神、供神、求神、祭神，希望能得到神灵的保佑。人们定期举行祭祀活动，庄严隆重，敬畏虔诚，并且代代相传，逐渐形成了固定的仪式，由此产生了最早的礼仪。从某种意义上说，早期礼仪包含当时人类生活的若干准则。

至夏商两代，礼仪制度已经相当完备，但实际夏礼和商礼对后世影响并不大，真正对中国产生影响的是周代的礼乐典范。周代对"礼"进行了整理和改造，创造出一套可具体实行的礼仪制度，并在全国推行。这一套礼仪制度不仅有

---

① 李学勤.字源[M].天津：天津古籍出版社，2012：4，431－432.
② 李学勤.字源[M].天津：天津古籍出版社，2012：4，431－432.

严格的等级制度，更将"礼"纳入社会生活的方方面面，对祭祀、婚嫁、丧葬等制定了细致明确的礼仪制度，从此中国古代礼仪正式开始。

西周末期，王室衰微，诸侯纷起争霸。承继西周的东周王朝无力全面恪守传统礼制，出现了所谓"礼崩乐坏"的局面。在此期间，相继涌现出孔子、孟子、荀子等人，发展和革新了礼仪理论。孔子继承和发展周礼的思想，主张推行礼仪文化治国，改变社会风气，通过礼仪使人修身养性。礼制的形成，对后世治国安邦、施政教化、规范人们的行为、培养人们的人格起到了不可估量的作用。

从秦汉到清末，礼制得到了强化，自秦汉以后的历代统治者都推崇儒家的礼制来治理国家、社会。秦始皇统一中国后在全国推行"书同文""车同轨""行同伦"。秦朝制定的集权制度，成为后来延续两千余年的封建体制的基础。西汉初期，叔孙通协助汉高帝刘邦制定了朝礼之仪，突出发展了礼的仪式和礼节。在这个阶段，统治者根据自己的统治需要，在沿袭周礼的基础上，不断对礼制加以修改、补充、完善，让人们以"礼"为准绳，不得逾越。这种"以礼治国"的做法，对于稳定当时的社会秩序起到了重要作用。

民国时期，一些革命志士破旧立新，用民权代替君权，用自由、平等取代宗法等级制等，正式拉开现代礼仪的帷幕。辛亥革命的胜利，结束了统治中国两千多年的封建专制制度，新的礼仪礼俗也就随之出现。这一时期的礼仪体现了近代自由、平等的原则，因此，资产阶级的平等思想、文化习俗和审美观点开始渗透到社会生活的各个方面，冲击了森严的封建意识和等级观念，对当今中国社交礼仪产生了重大影响。

中华人民共和国成立之后，新型的社会关系和人际关系的确立，标志着中国的礼仪建设从此进入一个崭新的历史时期。一些传统美德，例如尊老爱幼、以诚待人、先人后己、礼尚往来等中国传统礼仪中的精华得到继承和发扬，对一些不符合时代要求的封建礼教，例如"三从四德"等进行摒弃。我们从中"去其糟粕，取其精华"，以社会主义核心价值观为导向，来践行我们的言行——以爱国、敬业、诚信、友善为个人的"礼"，以自由、平等、公正、法治为社会的"礼"，共筑富强、民主、文明、和谐的礼仪之邦。①

---

① 李冠宁.克己复礼[J].散文百家(理论),2020(8):74.

经过人们在不同时代的实践和推广，"礼"不断被丰富完善，继而形成中华民族"知礼""习礼""守礼""重礼"的优良传统。

（三）教育意义

在儒家思想中，无论是独善其身还是兼济天下，都以自身品德、能力、素质的提高为前提。明礼律己的意义绝不仅仅是自我完善，它还是齐家之基。

1. 律己奉礼有助于树立正确的"三观"

随着西方文化汹涌而来，在多元的文化背景中，我们置身于多重价值观念的碰撞中。在这种情况下，我们很多传统观念、道德伦理都受到了极大冲击，尤其对我们的世界观、人生观、价值观都产生较大影响。在中西方思想碰撞激烈的新时代，如果我们不注重明礼律己，缺少自我约束，极容易在思想的长河里迷失自我。因此在这种时候，人们在道德上的自我教育以及个人在文明素养、交往礼仪等方面所进行的修炼，就显得尤为重要。

2. 律己奉礼有助于身心一致

随着时代的变迁和社会的发展，人们尽情享受着现代社会带给人的物质便利，以及追求个性、张扬之美的精神思想，但受各种思潮影响，也会逐渐失去自我身心的内外和谐。在遇到事情时，有时或许觉得处理事情的方式方法不妥当，但受不良思想的影响较多，对事情的判断自我合理化，最终实则做出错误的决定。律己的要求首先强调了自我行为的自觉性，如果发现自身欲求不合理，就要求自主地、有意识地去克制它。其实，一切道德观念和道德行为，都以自我为主体，自觉自愿，由自我决定，按照自我所认可的方向、方式、方法去做。学会克己复礼，必然要求自己对大家所遵循的行为准则有着清醒的认知和自觉认同，这也使得自己能够在认知中做出正确的判断，由此落实在行为中，也就能自主地克制自己，使自身更加符合行为准则的要求，最终达到身心一致、内外和谐。

二、经典品读

"律己奉礼"包含两个方面的内容，一是"律己"，二是"奉礼"。如果我们能够按照"礼"来约束自己的行为，人与人之间就会充满友爱，社会才能和谐安定，人民才能安居乐业。

1. 言行要有规范

"礼"的内容丰富多样,但它有自身的规律性和原则,例如:自律的原则要求克己、慎重、自我要求,以及自我约束等;适度的原则要求适度得体,掌握分寸等。七年级(全一册)第一单元《青春时光》之"青春的证明"在"运用你的经验"栏目中引用了相关名言。

【原文】

子曰:"言有物而行有格也,是以生则不可夺志,死则不可夺名。故君子多闻,质而守之;多志,质而亲之;精知,略而行之。《君陈》曰:'出入自尔师虞,庶言同。'《诗》云:'淑人君子,其仪一也。'"

——《礼记·缁衣》

【释义】

孔子说:"讲话要有根据,做事要有规矩。所以活着的时候没有人能够改变他的志向,死了以后也不会影响他的好名声。所以君子应该博学多闻,在弄清楚了以后就牢记在心;应该多一些见识,在弄清楚了以后就学而不厌;应该知识精深、细致一些,反复思考,挑重要的去做。《君陈》上说:'颁布政令,接受建议,要让大家都来参与,使大家的意见能够一致。'《诗经》上说:'善人和君子,言行总是一致的。'"

【追根溯源】

《礼记》据传是西汉礼学家戴圣所编的一部典章制度选集。该书主要记载了先秦的礼制,体现了先秦儒家的哲学思想、教育思想、政治思想、美学思想,它是儒家礼论的核心经典。

"缁衣"的本意是指一种黑色的衣服,是古代卿大夫到官署所穿的服装。而在《诗经·郑风·缁衣》这首诗中的字面意思是:改制破旧衣服并授予新衣,至人馆舍劝人来归。它蕴含了礼贤士人、珍惜旧人的意思,可以引申为崇尚贤德,这也正是《礼记·缁衣》所要表达的主题之一。《礼记·缁衣》所阐述的主要内容,就是君王的治世思想以及君子的为人之道。而"缁衣"这个篇名,既反映了全文的政治主题,又体现了儒家政治以德治世的特点。

《礼记·缁衣》中的君子之德,既包括所谓的以德行事、坦诚相待、恪尽职守,也包括谨言慎行、言必行、行必果等,同时还提出了君子的言行规范。例如原文中的这一段话,孔子的观点就是认为君子的所言所行不可随心所欲,而应当言之有物,有实际内容,行之有格,符合已有行为规范。

【学习意义】

古人的这些语句,蕴含着不少宝贵的思想源泉,对我们今天的立德修身仍有重要的借鉴意义,值得我们去挖掘和探析。"言有物"是语言规范,即说话必须要真实、有根据、有实质内容,不要信口开河,捕风捉影,胡言乱语,虚假夸张。"行有格"是行为规范,即做实事,做好事,言行一致,不要只说不做,避重就轻,损人利己,违纪犯法。一个人的言行举止可以体现一个人的品质,所以要注意自己的言行举止。

我们要用品格引导学生,学会言行一致。只有不断加强道德修养,磨炼意志,才会不断提高,进入更高的境界,在不断追求、完善中见证最好的自己。

2. 言行要有底线

我们日常的言行需要规范和引导,一些基本界限和底线不能逾越。七年级(全一册)第一单元《青春时光》之"青春的证明"一课提到,我们要知廉耻,懂荣辱,有所为,有所不为。

【原文】

子贡问曰:"何如斯可谓之士矣?"子曰:"行己有耻,使于四方,不辱君命,可谓士矣。"

曰:"敢问其次。"曰:"宗族称孝焉,乡党称弟焉。"

曰:"敢问其次。"曰:"言必信,行必果,硁硁然小人哉!——抑亦可以为次矣。"

曰:"今之从政者何如?"子曰:"噫!斗筲之人,何足算也?"

——《论语·子路》

【释义】

子贡问道:"怎样才可以叫作士?"孔子说:"自己在做事时有知耻之心,出使外国各方,能够完成君主交付的使命,可以叫作士。"

子贡说:"请问次一等的呢?"孔子说:"宗族中的人称赞他孝顺父母,乡党们称他尊敬兄长。"

子贡又问:"请问再次一等的呢?"孔子说:"说到一定做到,做事一定坚持到底,不问是非地固执己见,那是小人啊。但也可以说是再次一等的士了。"

子贡说:"现在的执政者,您看怎么样?"孔子说:"唉!这些器量狭小的人算得什么?"

【追根溯源】

《论语·子路》共 30 则,有关于如何治理国家的政治主张、孔子的教育思想、个人的道德修养与品格完善以及"和而不同"的思想。

在春秋战国时期,人们对"耻"已有认知。孔子对于"耻"已有一些论述,并提出了"行己有耻"的话题。正如引用的经典中所表达的,孔子观念中的"士",首先是有知耻之心、不辱君命的人,能够担负一定的国家使命;其次是孝敬父母、顺从兄长的人;再次才是"言必信,行必果"的人。至于当政者,他认为是器量狭小的人,根本算不得士。他所培养的就是具有前两种品德的"士"。孔子在这里是专指道德修养,他认为人首先应有羞耻之心,无此不能自警自励。

在中国伦理思想史上,儒家把培养"行己有耻"的士君子作为教育的首要目标。作为道德规范的知耻,与个人、民族和国家都有密切关系。对于个人来说,廉耻为立人之大节。人有耻则能有所不为;无耻则无所不为,什么事都能干出来;人知耻方能改过。对于国家、民族来说,人民有耻,社会风气才能美善;掌权的士大夫阶层知耻,国家的尊严才能得以维护。正是在这个意义上,《管子》才强调"礼义廉耻,国之四维。四维不张,国乃灭亡"。由于我国古代十分重视廉耻道德,将其作为衡量人的最重要标准,因此孔子"行己有耻"的思想不断得到发扬光大。

【学习意义】

"君子有所为,有所不为。"有些事情虽然自己内心是非常想去做,但是有了羞耻之心,就能够很好地约束自己,决不去做一些不可为的事情。人有了羞耻心,知道该做什么、不该做什么,才会有志向、抱负和气节,才能意志坚定,在贫富、得失、义利之间有所取舍。如果一个人没有羞耻心,那就什么事情都能做得出来。这种人在社会上将没有立足之地,终将被人们所抛弃。

要做到"行己有耻",一方面需要我们有知耻之心,不断提高辨别"耻"的能力,能够做出正确的行为选择;另一方面要求我们树立底线意识,触碰道德底线的事情不做,违反法律的事情坚决不做。"行己有耻"更需要我们磨砺意志,拒绝不良诱惑,不断增强自控力。

3. 言行要文明有礼

文明有礼是一个人立身处世的前提,它不仅是个人素质、教养的体现,也是个人道德和社会公德的体现。八年级(上册)第二单元《遵守社会规则》之"社会生活讲道德"一课就强调了要以礼待人。

【原文】

陈亢问于伯鱼曰:"子亦有异闻乎?"对曰:"未也。尝独立,鲤趋而过庭。曰:'学《诗》乎?'对曰:'未也。''不学《诗》,无以言。'鲤退而学《诗》。他日,又独立,鲤趋而过庭。曰:'学礼乎?'对曰:'未也。''不学礼,无以立。'鲤退而学礼。闻斯二者。"陈亢退而喜曰:"问一得三,闻诗,闻礼,又闻君子之远其子也。"

——《论语·季氏》

【释义】

陈亢问伯鱼:"你在老师那里听到过什么特别的教诲吗?"伯鱼回答说:"没有呀。有一次他独自站在庭中,我恭敬地走过,他说:'学《诗》了吗?'我回答说:'没有。'他说:'不学诗,就不懂得怎么说话。'我回去就学《诗》。又有一天,他又独自站在庭中,我又恭敬地走过,他说:'学礼了吗?'我回答说:'没有。'他说:'不学礼,就不懂得怎样立身。'我回去就学礼。我就听到过这两件事。"陈亢回去高兴地说:"我提一个问题,得到三方面的收获,听了关于《诗》的道理,听了关于礼的道理,又听了君子不偏爱自己儿子的道理。"

【追根溯源】

《论语·季氏》主要谈论的问题包括孔子及其学生的政治活动,与人相处和结交时应注意的原则,君子的三戒、三畏和九思等。

孔子对礼仪非常重视,把"礼"看成是治国、安邦、平定天下的基础。他认为"不学礼,无以立""质胜文则野,文胜质则史。文质彬彬,然后君子"。他要求人们用礼的规范来约束自己的行为,要做到"非礼勿视,非礼勿听,非礼勿言,非礼勿动",倡导"仁者爱人",强调人与人之间要有同情心,要相互关心,彼此尊重。

【学习意义】

礼仪是中华民族的优秀传统文化,从古至今,源远流长。做什么事情,都要先学会做人。"不学礼,无以立"指的就是不学会文明有礼,就难以有立身之处,以礼待人才能以理服人。随着社会交往的日益扩大,礼仪是无处不在的,它的作用也愈加广泛,它成了增进友谊、加强合作、促进发展的重要手段。文明有礼是一个人内在素养和交往能力的外在表现,文明有礼能够创造更多的机会,提升各种能力,获得更好的发展。反之,就可能遇到不必要的困难,妨碍自身的进步和成长。

文明礼仪,不是一朝一夕能做好的。古代有很多有关"以礼待人"的小故事,例如"孔融让梨""程门立雪"等,这些无不启示我们要做一个文明有礼的人。我们要牢记"不学礼,无以立",积极挑起传承礼仪的使命,在社会生活中不断学习、观察、思考和践行,从小事做起,从细节做起,努力做一个学礼、明礼、守礼的人,为创建文明有礼的社会贡献自己的力量。

第二节　行己有耻，以礼待人

中国是礼仪之邦，礼是中华优秀传统文化的核心内容之一。立德树人是教育的根本任务，而优秀的传统礼仪文化则能起到涵养学生道德的作用。初中《道德与法治》统编教材中，每个年级都渗透着礼仪文化的内容。

一、课程内容梳理

讲文明、守礼仪的基础是尊重。六年级教材引导学生懂得尊重自己和他人。不论是和朋友相处，还是和老师、家人相处，或是和陌生人接触，都要学会以礼相待。通过探讨交往问题，引导学生懂得交往礼仪，学会待人接物；通过解决冲突问题，引导学生学会沟通与宽容，懂得沟通交流礼仪；通过文明礼仪，积极营造和谐的氛围。

七年级教材主要从自身的角度加强礼仪教育，引导学生客观认识自我，积极接纳自我，学会自尊、自爱，不做有损人格的事，学会用恰当的方式与同龄人交往，在与同龄人交往过程中把握原则和尺度。

八年级教材则是围绕尊重的含义和功能、文明有礼的培养等内容引导学生了解社会生活中的主要道德规范。教材从一般的礼貌、规范到仪式、礼制，从礼对个人的作用到礼对社会、国家的意义，逐步提升学生对礼的认识深度，努力做一个学礼、明礼、守礼的人，并影响和带动身边人，共创文明有礼的社会风尚。

九年级教材是让学生置身于广阔的世界之中，了解国与国之间的关系，以及作为礼仪之邦的中国在促进世界发展中的地位和责任，引导学生成为有国际视野、负责任的公民。

二、学生的声音

在我们的生活中,处处都需要文明有礼。礼产生于人的自然本性,是合乎人生之需的行为规范,它对于理顺社会中人们之间的关系、规范人们日常生活中的交往行为具有重要的意义。然而,在实际生活中,不论是和朋友还是和家人,或是和陌生人交往,学生会存在这样那样的困惑。

学生声音一:不论是和家人,还是和朋友在一起,随意一些不是更显得亲切,有必要讲究吗?

学生声音二:现在一直提倡我们要发展个性,要善思,要敢于发表自己独特的见解,但是为什么还有那么多的条条框框来约束我们呢? 例如答题要按照老师讲的格式答,发表自己的意见要举手等,这些感觉是在压抑我们的个性。

学生声音三:有时候,明明觉得不合理,但是我们还是一味地忍让,或者默不作声。就像有些体育赛事,明明存在着不公平,但是我们还是默认下来了,难道这也是礼仪吗?

……

三、教学实践

"律己奉礼"包括对人们言行举止的规范。我们不仅要从内心和情感上认同,同时也要落实在实际行动中。

【案例一】

教学主题:学会尊重对方

教材链接:六年级(全一册)第二单元《友谊的天空》之"让友谊之树常青"

教学情境:我们在日常生活中会和家人、朋友、师长等交往,要与他们保持良好的关系,首先要学会尊重别人,有时候还要学会适度有"礼",保持一定的距离,否则你的关心会成为别人的烦恼。

小王和小刘是很好的朋友,有一天小王发现小刘不对劲,老是在发呆,凭小王对小刘的了解,肯定是出什么事了。课间的时候,小王向小刘打听,但小刘支吾了半天就是不肯说。小王决定一定要问个明白,看看怎么做能帮助他。放学后,小王又去问了,没想到刚问了几句,小刘就不耐烦地说:"你不要再问了,我不想说。"

接下来教师让学生讨论:如果你是小王或者小刘,你会怎么做? 为什么?

不同的立场就有不同的态度,学生七嘴八舌聊起来了。

学生1:如果我是小王,我可以向其他可能知情的人去打听,问他到底出什么事了。

学生2:如果我是小王,我可能就不问了,等他告诉我的时候再说。

学生3:如果我是小刘,我会很为难,我不愿意告诉他,但是不告诉他又怕失去这个好朋友。

学生4:如果我是小刘,不想说就是不想说,即使是最好的朋友也不行。

学生5:如果我是小王,如果小刘确实不愿说,那就算了,可能涉及他的隐私吧,不方便说。

学生6:……

在日常生活中,学生可能也会碰到类似的问题,他们会想当然地认为既然是很要好的朋友,那应该就是亲密无间、无话不谈的。通过案例,学生可以感觉到小王确实是很关心朋友小刘的,小刘有心事小王都能发现,说明小王对小刘这个朋友很上心。但是小刘竟然不愿告诉小王他的心事,学生的反应各不相同。通过讨论交流,大家站在不同的角度思考问题,也可以换位思考,这样更清楚应该怎样做。在这个基础上再引导学生懂得作为朋友就要学会尊重对方,尊重别人的隐私。朋友之间再亲密,还是需要保持一定的距离。这其实也体现了"非礼勿听",不论是当面还是背后,既然是别人不愿意告诉你,就没必要去打听。

做文明有礼的人,我们首先要学会尊重别人。其实每个人都是独立的个体,要给朋友一些空间,把握好彼此的界限和分寸。朋友之间需要坦诚相待,但这并不意味着毫无保留。在日常交往中,我们可以给予朋友积极合理的建议,但不要替朋友做决定。这些都是"止于礼"的表现。

【案例二】

教学主题:行己有耻

教材链接:七年级(全一册)第一单元《青春时光》之"青春有格"

教学情境：在我们的生活中有很多规则，这些规则告诉我们哪些事情可以做，哪些事情我们不能做。要让学生明白我们的言行需要规范和引导，青春有格是一种规范基础上的引导、引领，也是约束。只有明白了这个道理，学生才会走向自觉、自律。为此，在教学中设置了这样一个环节。

在日常生活中，我们常常会看到这样的一些情景：银行柜台前 1 米线的距离，人行道边上等候的车辆，地铁进站前有序的候车队列，公交车上看到老人主动让座，无交警的路口车子也能交替前行，等等。其实，在社会生活中文明礼仪无处不在，这些都让我们的生活安全而富有意义。

思考：

（1）你还能列举出一些明礼、守礼的例子吗？

（2）有人认为，在没人的地方，有些礼仪或是规则没必要遵守。你如何看待这一观点？请说说你的理由。

通过案例呈现，学生能够感受到生活中存在着很多礼仪、规则。有了案例的启发，他们还能举出一些例子，例如进出电梯女士先行，面试要化淡妆，出入公共场合仪表整洁，与人交往要注意文明用语，等等。通过交流，学生能意识到这些都是道德和法律需要我们在生活中遵守的基本规则，都应该成为我们的一种自觉行为。

当然，有些人可能会存在侥幸心理、逃避心理，认为有些礼仪或是规则没必要时时刻刻遵守。这时我们可以引导学生思考：这样做可能有哪些不良的影响？如果有"万一"，会产生什么样的后果？所谓的"万一"往往会让学生想到一些不良的影响，由此引导学生要树立底线意识，坚决不做触碰道德底线、违反法律的事情。要让学生提高辨别"耻"的能力，学会自律，做到每个人心中有规则，这样才能不断纠正我们的行为。

【案例三】

教学主题：做文明有礼的人

教材链接：八年级（上册）第二单元《遵守社会规则》之"以礼待人"

教学情境：在日常生活中，经常会有朋友聚会、亲友聚会等，正因为比较熟悉，所以在聚会时有些学生常常会不在意，甚至还会做出一些不文明的行为。为此，在教学过程中，可以运用教材上的案例引起学生对于生活中一些不文明行为的思考。

小岩一家约了朋友一起吃晚餐。小岩一家先到了就餐地点,找到了包间。进屋后,小岩抢先坐在沙发上,把脚放在茶几上,自顾自玩手机。一会儿,几位朋友来了,他们主动与小岩打招呼,小岩只是答应了一句,眼睛没有离开他的手机。因为等的时间比较久,小岩有些饿了,菜刚上齐,他就拿起筷子夹菜吃,妈妈提醒他别着急,大人还没有开始呢。小岩鼓着嘴,很生气……

请学生思考:

(1) 你认为小岩哪些方面做得不合适?应该如何改进?

(2) 如果你是一起就餐的客人,你会有什么反应?会如何做?

日常生活是检验人们文明素养的最好途径,很多不在意的行为恰恰能够反映出一个人的文明素养。那么在我们的日常生活中,哪些行为能够体现我们的文明有礼呢?通过一位中学生小岩在一顿普通晚餐中的不文明行为做素材设计情境,让学生找出小岩在聚餐时的一些不当行为,比如把脚放在茶几上,举止不够端庄,自顾自玩手机,不主动与客人打招呼,不尊重对方等,引导学生意识到生活中的一些不文明现象,同时也反思自己有没有这样的行为。社会生活中,礼主要表现在语言文明、举止文明等方面。文明有礼看似小事,实则反映出一个人的道德修养。

当面对小岩的不文明行为时,客人的反应也体现出了他们的素养。对于小岩的行为,学生容易做出判断,但是具体怎么做,对学生而言也是一种考验。当交流时,我们不仅要引导学生懂得文明有礼应该从小事做起,更要让学生意识到文明有礼体现一个人的道德素养和交际能力,我们在与小岩沟通的时候也要做到文明有礼,因为文明有礼的人更容易获得他人的认可和尊重。

【案例四】

教学主题:文明有礼体现国家形象

教材链接:八年级(上册)第二单元《遵守社会规则》之"以礼待人"

教学情境:在生活中,学生对于文明有礼的理解很容易把个人和国家割裂开来,他们能理解无论是人与人交往,还是国家与国家交往都应该体现出良好的形象,但是他们可能意识不到,在交往中个人的行为会影响到国家形象。因此,在教学过程中,可以选用这样的案例加以说明。

明老师是一位出国旅游经验丰富的老人，在参团出游北非的摩洛哥和突尼斯时，与团友们在一家咖啡馆内偶遇了一对 60 多岁的夫妻，聊起来才知道原来他们是自由行的游客，当时他们已经游历了好几个国家。团友们出于好奇，问了他们许多出行的细节，当问到是否担心安全时，这对夫妻中的丈夫说："我们一路很安全啊，没有遇到过小偷，不像在国内到处都是小偷。"一石激起千层浪，这句不负责任的话迅速引起了团友们的集体反应，明老师当时更是挺身而出，仗义执言："我当时就问他，你们是不是领着退休金出来旅游的，他说是，我就说那为什么还要一边享受着国家给的福利待遇出国旅游，一边却还要在国外，在这样的公众场合说出这些对国家形象不利的话。"

明老师的一席话入情入理，一下子将这对夫妻驳斥得哑口无言。不仅如此，团友们都纷纷认同她的观点。明老师还表示，国内的确有偷窃的现象，但这种情况在国外又不是没有，"我在美国和澳大利亚就遇到过两起小偷偷东西的事件"。她认为，任何一个国家在发展中都会有不足之处，但作为在国外的中国人，应当时时刻刻谨记自己的中国人身份，要以维护国家的形象为己任，不能说任何抹黑和不负责任的言辞。

请学生讨论交流：

（1）为什么明老师的话能引起团友们的共鸣？

（2）现在随着生活水平的提高，出国旅游的人越来越多，大家的文明意识都在提高。你觉得在国际交往中应当注重哪些文明细节？

在国际交往中，形象是一种宣传，是一种教养，是一种服务，是一种规范。形象问题不仅关系到个人，更关系到国家。在交往活动中，每个人的一言一行，往往代表着一个国家、一个民族、一个地区、一个城市的形象。就像材料中那对老夫妻的话，可能他们说的时候是无意的，但给听者的感觉就是我们国家小偷很多，这种看法显然会影响到别人对中国的看法，使其不能正确认知我们的国家。明老师的话能够得到大家的共鸣，实际上就是大家对自己国家形象的维护。通过明老师的行为，引导学生明确我们每个人都应该以维护国家形象为己任。所以我们在交往过程中要注重文明礼仪，要体现我们国家礼仪之邦优秀传统的传承，体现民族的尊严和国家形象。

随着世界的全球化发展，入境和出境的人数越来越多，我们与国际友人交往的场合也越来越多,所以在交往过程中我们一定要关注文明细节,包括衣着整洁、谈吐优雅、礼貌待人、自尊自爱、不卑不亢、举止有度等。这些都是我们在交往中要注意的,毕竟一个公民在国际交往中的一言一行都代表了中国人的素养。每个公民都要有主人翁意识,时刻表现出中国人的文明素养。

四、主题活动

（一）活动主题

共创文明社区

（二）活动背景

八年级(上册)第二单元的教学主题是"遵守社会规则",讲到了中华优秀传统文化的核心内容之一——礼。学生从文明礼仪的培养等角度了解了社会生活中主要的道德规范,逐步提升了对礼的认识深度。文明有礼有助于人们友好交往,增进人们团结友爱,有利于形成安定有序、文明祥和的社会环境。

每个人都希望自己有一个舒适的居住环境。创建文明小区,共建美好家园,是每一个小区、每一位居民共同的心愿,也是我们每位小区居民的责任。小区是城市的细胞,文明小区的创建与我们每一位居民息息相关。然而,小区里还是出现了一些不和谐的音符:高空抛物、电梯内扔生活垃圾、车子乱停放、噪声扰民等。

（三）活动目标

1. 通过采访小区居民,了解小区中存在的一些不文明的现象,体会文明有礼对个人成长的意义和对社会和谐的价值。

2. 在参与实践活动过程中,通过对小区里一些不文明、不礼貌行为的思考,培养自己的分析能力和解决问题的能力。

3. 积极树立主人翁意识,自觉为创建文明社区贡献自己的力量。

（四）活动内容和要求

1. 采访小区居民之前准备好采访提纲。

2. 以小组形式对居民反映的不文明、不礼貌的现象进行分析,寻找原因,提出解决方案。

3. 针对解决问题的一些方法拟一份创建文明小区的倡议书。

小组任务单

班级：_____

活动日期		活动主题	
组长		组员	
活动目标			
人员的分工			
活动记录			

（五）活动评价

评价指标	评价分值（1—10 分）
不文明现象搜集整理清晰	
解决方案切实可行	
倡议书撰写规范	
小组成员分工合作合理	
总分	

第三章

孝亲敬长

Xiao Qin Jing Zhang

常存仁孝心，则天下凡不可为者，皆不忍为。

———《围炉夜话》

　　孝，可以被看成是中华文化的源头与根基，更可以说是道德的根本。谢幼伟在《孝与中国文化》中就说：“中国文化在某一意义上，可谓为孝的文化。”因此，孝可以说是中国传统文化的精髓，正可谓“国以人为本，人以德为本，德以孝为本”。做人、修身的根本，就是要把孝作为行事的准则。

　　孝的本义包含感恩、责任以及担当。“羊有跪乳之情，鸦有反哺之义”，在对家人尽孝的过程中，我们能感悟父母养育之情的宝贵，感悟家人之间担当的意义，进而联想到对他人、社会和国家也应如此，体悟恩情、责任和担当的重要意义和价值。因此，孝是为人子女的义务，也是修身、齐家的要求，更是维系社会和谐的价值追求。“培育和弘扬社会主义核心价值观必须立足中华优秀传统文化。”作为中华传统文化精髓的孝文化，其中蕴含的“家和万事兴”“天伦之乐”“尊老爱幼”“贤妻良母”“勤俭持家”等思想，是中华民族传统美德的典型，为培育和践行社会主义核心价值观提供了借鉴。因此，“以孝德实践为圆心向外扩展，孝文化就会成为代际沟通、家庭和睦、社会和谐的润滑剂，社会道德建设也能获得坚实稳固的支撑”。①

---

①　谭用发.孝乃德之本[N].人民日报，2016－03－25(4).

第一节　事亲以敬，孝悌为先

一、探源解读

"孝"，最早是一种祭祀活动，为祈求平安而祭祀祖先；到西周时期，除了祭祀祖先外，孝还增加了奉养父母的意思。至此，孝作为一种伦理观念被正式提出。当时孝有以下两种含义：（1）尊祖敬宗。供奉供品以祭祀祖先，此为"孝"。带有宗教色彩。（2）传宗接代。"先祖者，类之本也。……无先祖恶出？"在先秦人看来，传宗接代、延续祖先的生命即为"孝"。

儒家文化中，"孝"是以"敬"为前提的。孔子认为，如果只单纯在物质上满足父母所需，还不是真正的孝，孝敬父母要真心实意，更重要的是要"敬"，要尊重父母的人格，让其精神得到慰藉。《论语·为政》："子游问孝。子曰：'今之孝者，是谓能养。至于犬马，皆能有养；不敬，何以别乎？'"从这里可以看出，"敬"是孝道的精神实质。

儒家主张，"敬"最直接的要求就是"顺"，即"孝顺""孝敬"。所以，在儒家文化中，孝的本质是"顺从"。"三年无改于父之道"，也就是终身按照父亲的价值取向行事。从家庭意义上看，"孝"体现为对父母绝对权威的顺从；从社会意义上看，"孝"就是对统治者的敬畏和基于敬畏的绝对服从。在当时，以"孝顺""孝敬"为指导思想的家庭于整个社会管理而言，是有利于社会稳定的。

（一）说文解字

《尔雅》对"孝"下的定义是"善事父母为孝"。

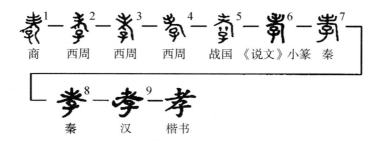

"孝"字字形演变流程图①

许慎在他编著的《说文解字》中,对"孝"解释为"善事父母者。从老省,从子。子承老也"。他认为,"孝"字是由"老"和"子"这两个字组合而成的。可见,"孝"的古文字形与"善事父母"的意义是一致的。

另外,《辞海》(第七版)对"孝"的注释为"中国传统道德规范"。儒家指养亲、尊亲。

《汉语字典》的解释是"对父母尽心奉养并顺从"。

综上,孝是子女对父母赡养、尊敬的伦理观念,是家庭中晚辈对待长辈的态度和行事应遵循的道德品质。这是孝文化最直接的含义。

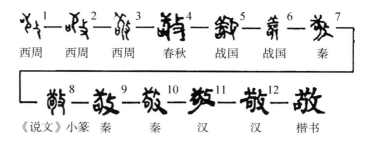

"敬"字字形演变流程图②

"敬"字最早出现在西周金文中,其本义有不同的说法,大多是严肃、肃敬的意思,春秋金文中开始有"恭敬"的意思。《诗经》雅、颂部分多用为严肃、恭敬之义。后来"敬"也指有礼貌地进献、虔诚地供奉、敬意等。

① 李学勤.字源[M].天津:天津古籍出版社,2012:742.
② 李学勤.字源[M].天津:天津古籍出版社,2012:805.

（二）沿袭与发展

孝道观念初步形成于商代，当时主要是表示对祖先的祭祀，只是作为一种宗教意义上的祈求。到西周时，"孝"作为一个伦理观念正式提出。《诗经》中有"率见昭考，以孝以享"，充分说明了孝的原始意义。① 现代孝道的很多内容就主要来源于这个时候的孝道观念。

春秋时期，宗法奴隶制随着社会生产力的发展而逐渐瓦解，整个社会呈现出"礼崩乐坏"的状态。孔子认为，必须稳定家庭，树立父母家长的权威，才能稳定社会秩序。所以，他对"孝"的内涵进行了进一步的丰富：（1）强调"孝"必须建立在"敬"的基础上；（2）把行孝与守礼结合在一起；（3）把"孝"与"悌"结合起来。可见，"孝"不仅作为家庭伦理规范，用来协调亲子关系，还成为古代社会宗法道德的奠基石。至此，"孝"从宗教到道德、从宗族伦理向家庭伦理的转化完成，传统孝道的基本内涵也从此确立。

到了汉代，"孝"与"忠"相辅相成，"孝"开始蒙上政治色彩，成为封建社会道德体系的核心。"以孝治天下"成为中国封建家长专制统治的思想基础，并逐渐成为贯彻两千年封建帝制社会的治国纲领。此后，孝道逐渐沦落为一种政治工具，并在实践中不断走向极端化和专制化，甚至愚昧化，孝文化陷入畸形发展。

到了近代，受到新文化思潮的影响，传统孝文化开始向新型孝文化发展。"孝"再次被赋予新的含义，要求为民族为国家竭忠尽孝。尽职尽责、家国情怀成为孝文化的新内涵。故此，"孝"文化的精髓逐渐演变成为中华民族团结向上、尽职尽责的精神基础，成为中华民族凝聚力的核心。

当代中国，随着经济的不断发展，社会在不断进步，人们的观念也在不断改变，从孝敬父母开始，倡导"老吾老以及人之老，幼吾幼以及人之幼"的价值观念，培养良好的集体主义精神，养成乐于助人、见义勇为的行为习惯。②

我们要努力挖掘和弘扬中华优秀传统文化中孝文化的积极作用，让孝文化的内涵随着时代发展不断与时俱进，持续发挥其应有的光辉。"孝老爱亲""老吾老以及人之老"等这些中华民族的传统美德，在老龄化社会到来的今天，更应

---

① 张爱芳,蒋春霞.浅谈中华孝文化的历史变迁[J].中国农村教育,2019(1):4+16.
② 程红帅.中国孝文化的历史沿革及当代价值[J].雁北师范学院学报,2005(1):47-49.

得到弘扬和发展,让老年人老有所养、老有所依、老有所乐、老有所安,让所有的老年人都能有一个幸福美满的晚年,让所有的家庭都和睦美好,让我们的社会更和谐、文明。

(三) 教育意义

"孝"作为中华民族的传统美德、中华传统文化的核心,经过几千年的积淀和传承,已与我们的生活密不可分了。但是,从封建社会传承而来的孝文化,其所包含的内容非常复杂。所以,我们要学会甄别,要取其精华并加以弘扬,去其糟粕且加以摒弃。例如传统孝文化中"父为子纲""不孝有三,无后为大"等观念,已经与当前的社会发展现状不相符合了,应予以摒弃。而历史上涌现的大量"孝敬父母""精忠报国"的动人故事,至今仍为大家津津乐道、广为流传,在促进家庭和谐、协调伦理关系、弘扬民族精神等方面发挥着不可替代的作用,则应该被继承并发扬光大。

随着社会的不断进步,人们的观念也在不断改变,"自由""民主""平等""博爱"日益成为现代社会所倡导的价值追求,这与传统孝文化中提倡的诸如"父慈子孝"等观念具有相通性。同样,传统孝文化中的"老吾老,以及人之老;幼吾幼,以及人之幼"的思想,就是从孝敬父母、关爱亲人的家庭"小爱"开始,逐步拓展、升华至爱国、爱天下的"大爱",这也与我们倡导的构建和谐社会的要求是吻合的。可见,构建和谐社会需要发扬孝文化。传承并弘扬孝文化这一中华民族宝贵的精神财富,是当代人的责任和使命。

二、经典品读

(一) 孝亲敬长是中华民族的传统美德

孝文化是中国传统文化的重要内容之一,是中华民族最重要的伦理道德规范。六年级(全一册)教材中"家的意味"部分引用了"孝弟也者,其为仁之本与"。这句话出自《论语·学而》,强调了对待父母长辈和兄弟姐妹的正确态度,凸显了孝亲敬长的传统美德。

【原文】

有子曰:"其为人也孝弟,而好犯上者,鲜矣;不好犯上,而好作乱者,未之有也。君子务本,本立而道生。孝弟也者,其为仁之本与!"

——《论语·学而》

【释义】

《论语译注》做了这样的解释:文中的"孝"是当时所认为的子女对待父母的正确态度,即"孝顺父母";"弟"同"悌",是指弟弟对待兄长的态度,指"敬爱兄长"。儒家认为,人生的根本在于"孝悌"之行。有了孝悌,自然就懂了仁义。所以孝悌者,鲜有犯上作乱者。因此"孝悌"为仁之本,也是为人之本。可见,"孝弟也者,其为仁之本与"这句话强调了对待父母长辈和兄弟姐妹的正确态度,凸显了孝亲敬长的传统美德。

【追根溯源】

春秋战国时期百家争鸣,全社会各种思潮频出。以孔子为代表的儒家认为,要维护社会稳定,前提是必须树立家长权威,稳定家庭。因此,孔子提倡"孝",强调"孝"要建立在"敬"的基础上。孔子认为,孝敬父母要真心实意,让其精神得到慰藉。他还把"孝"与"悌"结合起来,强调兄友弟恭才能和睦相处。例如在《论语》中,就多次出现了"孝悌"连用:"弟子,入则孝,出则悌""其为人也孝弟,而好犯上者,鲜矣;不好犯上,而好作乱者,未之有也""孝弟也者,其为仁之本与"。其中,"出则悌"是走出家庭、面向社会的行为规范,要求人们将家庭血亲中的孝亲敬长推广到社会关系中去。

【学习意义】

当今,随着科技的进步和社会的发展,人们受到多元价值观的影响,价值观念也发生了很大的变化。一方面,追求人格上的平等,子女不再从属于父母,享有更大的独立性;另一方面,随着新兴技术的日新月异,父母接受信息的速度和程度,与子女相比,往往存在很大的差距,子女在获取信息上的优势一定程度上决定了他们的家庭地位,与父辈们平分秋色的年龄越来越小,甚至未及中年就已取代父辈的地位。另外,随着社会的飞速发展,尤其是改革开放以来,人们的生活节奏越来越快,工作节奏越来越紧凑,子女与父母之间的地理距离和心理距离也日益加大。尤其是计划生育政策实施后,独生子女体验不到与兄弟姐妹之间的相处方式,甚至他们与父辈们的相处模式也与传统的"母慈子孝""长幼有序"

有很大差别,因此,他们对孝文化的理解也日趋淡漠。加强青少年的孝文化教育,提高他们对"孝亲敬长"的认同感,是构建和谐家庭的基础,也是培养感恩之心、责任意识、家国情怀的前提。因此,通过解读名句,讲解其意义,学生能了解"孝道"是中国家庭文化中的重要精神内涵之一,孝是和谐家庭、和谐社会的稳定剂,是中华传统文化的根基,是需要不断传承和发展下去的瑰宝。

(二)"百善孝为先"成为道德评判的标准

中国有句脍炙人口的话叫"百善孝为先"。八年级(下册)第二单元《理解权利义务》中"违反义务须担责"的"阅读感悟"栏目就引用了这句话。

【原文】

常存仁孝心,则天下凡不可为者,皆不忍为,所以孝居百行之先;一起邪淫念,则生平极不欲为者,皆不难为,所以淫是万恶之首。

——《围炉夜话》

【释义】

这段文字我们可以这样来理解:一个人如果心目中是有仁孝之心的,那么,任何不正当的行为,他都不忍心去做,所以,孝应该放在所有行为准则的首位;反之,一个人心中一旦有了邪恶的念头,那么,即便平常不愿意做的事,这时候做起来一点也不会觉得困难,因此,淫心是一切恶行的开始。

【追根溯源】

《围炉夜话》是清代著名文学品评家王永彬著作的儒家通俗读物。对于当时以及以前的文坛掌故、人、事、文章等分段作评价议论,寓意深刻。本书中,作者虚拟了一个冬日拥着火炉、与至交亲友畅谈人生的情境,语言亲切、自然、易读。《围炉夜话》以"安身立业"为总话题,分别从道德、修身、读书、安贫乐道、教子、忠孝、勤俭等十个方面,揭示了"立德、立功、立言"皆以"立业"为本的深刻含义。

后来,这段话的意思被民间渐渐流传为:"百善孝为先,论心不论迹,论迹贫家无孝子;万恶淫为首,论迹不论心,论心世上少完人。"即所有的善行中,孝应当排第一,真正的孝,应该看的是给予父母内心的孝顺,而不是只看行动上所给予的物质满足,因为如果只看行动上给予的物质满足,贫穷的家庭中就没有孝子了;而恶事,看的是实际上的行动,而不是心中的想法,如果以心中的想法作为评判依据,那世上就没有好人了!

【学习意义】

"百善孝为先"是中华民族的传统美德,既是考量一个人道德层面的基本评判标准,相关的法律条文中也有明确的要求。孝敬、赡养老人,既是每个公民的道德要求,也是每个子女应尽的义务。我国宪法中也规定了赡养扶助父母是成年子女应尽的义务,如果子女没有尽到义务,会受到法律的制裁。古代就有对不承担孝亲敬长义务的明确的惩罚方式。"五刑之属三千,而罪莫大于不孝。要君者无上,非圣人者无法,非孝者无亲。此大乱之道也。"将不孝作为天下大乱的重要原因之一,要处以犯罪条例中最重的刑罚,可见古人对不孝之罪的严苛程度。但是五刑刑罚太过残忍粗暴,与现代法治文明下尊重和保障人权的主张不符,所以现代法律中对如何承担孝亲敬长义务作了明确的规定,对未履行该义务的惩罚方式也有明确的要求,只是更注重思想的引导,让子女能够正确认识并自觉承担赡养父母的义务。而当今的学生,往往会认为赡不赡养自己家的老人是自己的家务事,无须上升到道德评判甚至法律层面的评判标准上。因此,适时适度地让学生从法律的角度了解赡养父母的要求,能引导学生明确相应的权利和义务,自觉履行赡养父母的义务,增强对孝敬、赡养老人这一传统美德的认同。

(三)"老吾老以及人之老,幼吾幼以及人之幼"成为文明社会常态

孝亲敬长,要求孝敬自己的长辈和亲人;百善孝为先,要求敬重身边的人;和谐社会的建设,更需要让"老吾老以及人之老,幼吾幼以及人之幼"成为常态。教材九年级(上册)《文明与家园》单元中,就在"阅读感悟"栏目中提出了"老吾老以及人之老,幼吾幼以及人之幼"的中国价值。这句话摘自《孟子·梁惠王上》。

【原文】

老吾老以及人之老,幼吾幼以及人之幼,天下可运于掌。《诗》云:"刑于寡妻,至于兄弟,以御于家邦。"言举斯心加诸彼而已。故推恩足以保四海,不推恩无以保妻子。古之人所以大过人者,无他焉,善推其所为而已矣。今恩足以及禽兽,而攻不至于百姓者,独何与? 权,然后知轻重;度,然后知长短。物皆然,心为

甚。王请度之！

——《孟子·梁惠王上》

【释义】

"老吾老"中第一个"老"是意动用法，即以之为老，意思是尊重老人。"幼吾幼"中前一个"幼"也是意动用法，即以之为幼，意思是爱护、怜爱。"刑于寡妻，至于兄弟，以御于家邦"出于《诗·大雅·思齐》。"刑于寡妻"意思是作为妻子的榜样。"刑"同"型"，典型，榜样。"寡妻"是指国君的正妻。"权"的本义是秤锤，这里作动词用，意思是"称量"。

所以，整段话孟子想要告诉齐宣王：如果能不仅尊重自己的长辈，还能尊重别人的长辈，不仅爱护自己的幼辈，还能爱护别人的幼辈，那这样治理天下就能得心应手了。他举例说，《诗》中也提到，在家要做好妻子的榜样，也做好兄弟的榜样，用这样的品格去治理国家。这表达的其实就是推己及人的品质。因此他通过正反两方面的对比，希望齐宣王能广施恩泽于天下。孟子认为，古代的圣明君王之所以能比一般的君王强，没有什么诀窍，只是他们善于广施恩泽而已。所以他希望齐宣王细加权衡，心地仁厚、广施恩泽。

【追根溯源】

这句在中国堪称家喻户晓、妇孺皆知的名言，出自孟子与齐宣王的谈话。在春秋战国的纷乱争斗中，齐宣王一直有称霸诸侯的野心。这段话的背景，就发生在他趁燕国内乱，发兵打败燕国的时候。因此，齐宣王一见到孟子，第一句话就是"齐桓、晋文之事可得闻与"（春秋时期的霸主齐桓公、晋文公的事，你能给我说说吗），显而易见的踌躇满志。孟子当时讲了一通"保民而王"的道理（"王"在这里是动词，意思是称王天下）。他认为，治理国家要让人"心悦诚服"才能长治久安。因此要施行德政，推行"王道"。关键是要推己及人，"老吾老以及人之老，幼吾幼以及人之幼"，将孝敬自己家的长辈的心推行到天下的老人，将疼爱自己的孩子的心推行到天下的孩子，爱惜民力，使百姓能够安居乐业，衣食无忧。做到这一点，天下也就在自己的掌握之中了。孟子的这段话无论对个人还是整个社会，都具有重大而深远的意义。

【学习意义】

如果说"小孝"是为了父母，那"大孝"就是为了人民。如果小孝能推己及人成为大孝,则"老吾老以及人之老"的社会理想就能实现,就能形成一种良好的温情的社会氛围和良性循环。这一方面需要国家加强相关法治建设,依法保护老年人的合法权益,另一方面应建设相应的配套设施,为老年人的生活提供必要的支持,还需要社会更加关注老年人,运用同理心,像对待自己的父母一样对待别人的父母,像对待自己的子女一样对待别人的子女,那么整个社会就会温馨而和谐。

通过我们的教学,加强对青少年的孝文化教育,让"老吾老以及人之老,幼吾幼以及人之幼"成为文明社会常态,让这一中华优秀传统文化成为中华民族的基因,根植在中国青少年的内心,那孝文化就能在和谐社会建设中发挥更为积极的作用。今天,我们正积极努力构建社会主义和谐社会,作为传统文化重要方面的孝文化,仍然是我们宝贵的资源,有着极其重要的现实意义。

第二节　孝思不匮，力行孝道

孝文化是中华民族的优秀传统文化，在中国的文化中，孝是人之所以为人的一种天性。初中《道德与法治》统编教材中有关"孝亲敬长"的内容，在六、八、九年级中都有涉及，但其侧重又有所不同，形成了从道德到法律层面，从家庭到全社会的逻辑关系。

一、课程内容梳理

六年级教材结合中国人的"家"，围绕中国家庭文化中的"孝"文化，强调孝亲敬长是中华民族的传统美德，要求学生尽孝在当下，用实际行动孝敬双亲长辈，关爱家人。

八年级下册教材提出了"百善孝为先"，认为"孝敬、赡养老人是中华民族的传统美德，也是每个子女应尽的义务"，不仅再次重申了孝亲敬长作为中华民族传统美德的要求，还从义务的角度，强调了孝亲敬长的法律强制性，指出成年子女必须履行赡养、扶助父母的义务，如若不履行，将受到法律制裁。

九年级教材从价值观的层面提出"老吾老以及人之老，幼吾幼以及人之幼"的价值追求，将孝亲敬长的要求从家人延伸到身边的每一位老人，以及全社会的每一位老人，从孝顺父母的"小孝"扩展到关心全社会的"大孝"，将"孝"的视野从家人扩大到全社会。

二、学生的声音

随着时代的变化，人们的传统观念正受到各类不同思潮和理念的冲击。尤其是青年学生，他们获取信息的手段和方式变得更加多元化，他们对"孝亲敬长"这一中华优秀传统文化有着各自不同的看法。

学生声音一：孝敬父母是中华民族的传统美德，也是每个中国公民的法定义务。但我们年龄还小，只有等我们长大了，成年了，才能好好地孝顺父母。

学生声音二：我们也知道要孝亲敬长，可是在家里，每当我想要为父母长辈做些力所能及的家务活时，他们总是不让，而是要我利用时间好好学习。我们该怎么办？

学生声音三："老吾老以及人之老"这个观点，是 2000 多年前提出来的，为什么我们现在还要提？

……

三、教学实践

在日常的教学过程中，教师往往寄希望于通过讲道理的方式，让学生明白孝亲敬长的意义；认为把教材中的知识讲到了，或者学生说出来了，就完成了教学任务。事实上，我们只有认真钻研教材，遵循认知规律，将孝文化融入学科教学、实践活动和校园文化之中，通过学生看得懂、听得进、感兴趣的具体形式自然呈现出来，才能真正让学生感悟"孝亲敬长""百善孝为先"以及"老吾老以及人之老"的境界，从而真正内化于心，外化于行。

【案例一】

教学主题：孝亲敬长是中华民族的传统美德

教材链接：六年级（全一册）第三单元《师长情谊》之"家的意味"

教学情境：为了让学生更好地理解孝亲敬长是中华民族的传统美德，教师选择用多媒体播放故事的方法直观呈现历史上的经典故事《亲尝汤药》，并通过设计问题引发学生的思考。

故事概要:公元前202年,刘邦建立了西汉政权。刘邦的四儿子刘恒,即后来的汉文帝是一个有名的大孝子。刘恒对他的母亲很孝顺,从来也不怠慢。有一次,他的母亲患了重病,这可急坏了刘恒。他母亲一病就是三年,卧床不起。刘恒亲自为母亲煎药汤,并且日夜守护在母亲的床前。每次看到母亲睡了,才趴在母亲床边睡一会儿。刘恒天天为母亲煎药,每次煎完,自己总先尝一尝,看看汤药苦不苦,烫不烫,自己觉得差不多了,才给母亲喝。刘恒孝顺母亲的事,在朝野广为流传。人们都称赞他是一个仁孝之君。有诗颂曰:仁孝闻天下,巍巍冠百王;母后三载病,汤药必先尝。

问题设计:(1) 汉文帝为什么会被称为"仁孝之君"?

(2) 你如何看待汉文帝的这些行为?

(3) 你还知道哪些类似的故事?为什么这些故事会经久流传?

学生小组讨论并交流。

教师:出示"孝弟也者,其为仁之本与"并进行解析。

小结:"孝"在中国的家庭文化中是重要的精神内涵。孝亲敬长是中华民族的传统美德。

中华民族几千年的历史中流传下来很多经典小故事,它们凝练着中华民族积淀的博大精深的文化。教材引用的很多古诗文名句背后,也都有寓意深刻的经典故事。适度挖掘这些故事,并以此创设相应的教学情境,能让教学内容具体、生动和形象,不仅能调动学生学习的兴趣,更好地理解教材内容,还能促进学生学习、感悟中华传统美德。

在这个设计中,教师通过《亲尝汤药》这个小故事,将学生引入刘恒孝母的情境中。首先,通过小视频的形式播放故事,很容易吸引学生的兴趣,将故事中的道理通过生动有趣的动画形象表现出来。随后,教师通过层层递进的问题设计,引发学生思考:"如何评价汉文帝的行为?"提及孝道,尤其是当今社会,人们往往会进入"学习忙、工作忙、生意忙,事情多、应酬多,等有时间、空一点"的怪圈,总是以"不是不想做,实在是没时间"为借口逃避。特别是学生,总认为孝顺父母应该是父母对祖父母那辈的事情,是自己长大后的事情。对汉文帝行为的评价,也是对学生自身价值观的反观。这样的评价,是对其用实际行动诠释"天之大,孝为先"的认可,也是一次对学生正确价值观念的洗礼。"你还知道哪些类似的故事"让学生的视野从汉文帝扩张到更广的范围内,更多的人群中。在学生广泛交流的基础上,学生会通过无数个经久流传的别人的故事,发现孝亲敬长的人自古以来都能得到社会的认可,这样的品质是我们一直津津乐道的。在此基础上,教师提出"孝弟也者,其为仁之本与",带着学生分析这句经典名句,感受2000多年前孔子的智慧,自然就"其义自见"了。

因此,用好孝文化的经典小故事,通过创设层层递进的问题情境,能让学生在不断深入的思考中感悟知识,形成认识。

【案例二】

教学主题:成年子女有赡养扶助父母的义务

教材链接:八年级(下册)第二单元《理解权利义务》之"依法履行义务"

教学情境:孝敬、赡养老人是中华民族的传统美德,也是每个子女应尽的义务。那如果成年子女拒不履行赡养扶助父母的义务,会受到怎样的处罚呢? 有没有什么情况下,子女可以不履行赡养父母的义务? 针对学生的这些疑问,教师课堂上设计了"以案说法"环节,以某区人民法院受理的一起母亲状告儿子不承担赡养责任的案件为例,首先呈现了原告方的起诉书。

起　诉　书

原告:唐某某,女,出生于 1956 年 12 月 7 日,身份证号码:×××,地址:×××,电话:×××。

被告:李某,男,出生于 1982 年 2 月 15 日,身份证号码:×××,单位:×××,地址:×××。

诉讼请求:

1. 判令被告每月支付赡养费 1000 元;

2. 判令被告每个星期回家看望一次原告;

3. 判令本案诉讼费由被告承担。

事实和理由:

被告李某系原告唐某某与前夫的婚生子女。原告与其丈夫在李某 3 岁时离异,李某经法院判决归其父抚养,原告唐某某支付抚养费至李某 18 周岁,同时,每个月可以有两天探望。唐某某离婚后并未再婚,也未生育子女,每个月按时支付抚养费,保证跟孩子见至少 2 次面。李某 10 岁时,原告唐某某去外地投资失败,承担巨额外债,故停止了应支付给李某的生活费,探望次数也不能保证。如今,唐某某虽已还清外债,但已经65岁,且因长期劳累,体弱多病,已丧失劳动能力,每月仅靠低保金维持生活。原告找到儿子李某,希望由他照顾自己的饮食起居。但被告以让原告照顾自己的孩子(即原告的孙子)为交换条件。得知原告体弱多病无法照顾小孩,被告以原告未履行抚养义务为由,拒绝承担赡养义务。

《中华人民共和国民法典》第二十六条规定,成年子女对父母负有赡养、扶助和保护的义务。《中华人民共和国老年人权益保障法》第十九条规定,赡养人不履行赡养义务,老年人有要求赡养人付给赡养费等权利;第十五条规定,赡养人应当使患病的老年人及时得到治疗和护理。以上法律明确规定,子女有赡养父母的义务,且尊老、敬老是中华民族的传统,故被告应当履行法定的赡养义务。

综上所述,被告不赡养父母的行为违反法律规定,原告为维护自己的合法权益,特向贵院提起诉讼,请求判如诉请。

此致
××人民法院

具状人:_____
2021 年×月×日

问题设计:如果你是被告的辩护律师,你会怎么应诉? 如果你是法官,你会怎么判? 任意选择一个角色,以角色分组讨论并交流。

教师小结:尊老、敬老是中华民族的优秀传统。我国法律明确规定,成年子女有赡养父母的义务,子女拒不履行赡养义务时,无劳动能力的或生活困难的父母,有要求子女付给赡养费的权利。如果子女不履行赡养义务时,父母可以通过诉讼程序提出请求,人民法院应当根据父母的实际需要和子女的经济负担能力,通过调解或判决方式,确定赡养费数额和给付办法。

此外,在司法实践中,存在三种可免除赡养义务的情形:一是未婚或离异的成年子女无经济收入、丧失劳动力或不能独立生活的;二是已婚的成年子女本身无经济收入,其家庭的收入不足以维持当地基本生活水平的;三是父母对子女有严重犯罪行为,比如犯有杀害子女、虐待子女严重的、遗弃子女的或强奸女儿等行为的。需要指出的是,无给付赡养费能力的成年子女虽然可以免除给付义务,但生活上的照料、精神上的慰藉义务不能免除。

关于履行赡养扶助父母的义务，学生总觉得距离自己还很遥远，因此对本部分内容的学习表现得兴趣不大，而教师采用"以案说法"的形式，让学生进行角色体验，尝试通过特定的职业角色来进行教学内容的综合学习和运用，极大地提高了学生参与学习的兴趣，同时对学生综合运用所学内容分析社会现象的能力的培养也起到一定的作用。

本环节中，学生通过模拟法官和被告方代理律师的角色，综合考虑原被告双方的各种情况，大胆地表达了对案件结果的看法。综合学生的回答，发现学生对抚养和被抚养、赡养和被赡养之间的权利和义务对应关系还有认知误区，对"百善孝为先"这一传统观念的认识还有偏差。有学生认为，原告因为没有很好地履行抚养孩子的义务在先，因此被告作为其儿子，有权拒绝赡养原告，他们甚至认为，被告提出的让原告照看孩子来作为赡养的交换条件是合情合理的；也有学生认为，不管原告有没有履行抚养被告的义务，原告作为子女，都有义务赡养原告，还认为只要作为子女，都应无条件地承担赡养自家老人的义务。最后，教师引导学生进一步阅读相关法律条文，呈现该案例最终的法庭审判结果，并带领学生详细分析了法官判决的依据。

通过本环节的讨论，学生在小组合作学习的基础上查阅了相关的资料，也进一步明确了相关法律条文的内容。无论是体验法官还是体验代理律师，学生尽可能综合考虑各方因素，并在法律规定的范围充分行使权利，确保每个人的合法权益得到充分维护。通过这个活动，大家感受了"百善孝为先"的法律强制性，也对履行赡养扶助父母的义务有了全面的了解。当然，角色体验想要取得好的效果，前期需要做好相应的准备，要认真解读法条，要熟悉角色的要求等。同时，教师在整个活动过程中，还要发挥好主导作用，对学生的讨论及时做好引导。

【案例三】

教学主题：老吾老以及人之老

教材链接：九年级（上册）第三单元《文明与家园》之"凝聚价值追求"

教学情境：课堂上，学生提出了这样的疑问："老吾老以及人之老"是 2000多年前提出的观点，为什么我们现在还要倡导？为了让学生更好地理解建设和谐社会，需要倡导全社会都孝老爱亲，教师结合材料，设计了一个教学活动。

首先出示了一段资料：中共中央总书记、国家主席、中央军委主席习近平在

2019年春节团拜会上发表讲话指出,自古以来,中国人就提倡孝老爱亲,倡导老吾老以及人之老、幼吾幼以及人之幼。我国已经进入老龄化社会。让老年人老有所养、老有所依、老有所乐、老有所安,关系社会和谐稳定。

随后,教师进行提问:你知道"老吾老以及人之老"这句话的意思吗?

学生交流,教师出示引文全文并进行解析。

在此基础上,教师设计了第二个问题:这是一句战国时期的话,为什么习近平总书记仍要在当代提出这个要求?

在学生交流后,教师进行了小结:结合中国当前的国情可以有新的理解;作为中国独特的文化传统,形成了中国独特的价值共识,是我们社会主义核心价值观的体现。

中华优秀传统文化已经成为中华民族的基因,根植于中国人内心,潜移默化影响着中国人的思想方式和行为方式。今天,我们提倡和弘扬社会主义核心价值观,就要从中汲取丰富营养,否则就不会有生命力和影响力。但是有人会有疑问:这些文化还能适应当今的时代发展要求吗?它们依然还有生命力吗?我们如何在教学中来解决这样的困惑?如何让学生意识到中华优秀传统文化蕴含的巨大财富?

在这个设计中,教师首先通过习近平总书记在春节团拜会上的讲话,引出"老吾老以及人之老"这个话题。通过"你知道'老吾老以及人之老'这句话的意思吗?"的问题设计,让学生从字面上理解这句话的意思,对这句话有个初步的感知。在学生交流的基础上,教师再进行详细的解读和介绍,让学生体会2000多年前这句话提出的背景及用意,感受其背后蕴含的中华民族的仁爱思想。接着以问题"这是一句战国时期的话,为什么习近平总书记仍要在当代提出这个要求?"将学生的思绪拉到当今的社会现实中。学生结合当代中国的实际,理性思考这句话的现实意义,理解要实现中国梦,实现中华民族的伟大复兴,建设和谐社会,需要我们每一个人的推己及人的大爱。由此可见,我们现在倡导的社会主义核心价值观,追根溯源,其实就来源于中华优秀传统文化。社会主义核心价值观与中华优秀传统文化是一脉相承的民族基因。

需要注意的是,教师在道德与法治学科教学中运用教材中的经典引文、故事等素材进行孝文化教育时,要充分准备,并进行适度解读。如"孝弟也者,其为仁之本与"这句话强调了对待父母长辈和兄弟姐妹的正确态度,凸显了孝亲敬长的传统美德。把握了这句话的内涵和主旨,教师在课堂教学中,就能有的放矢地引用,引导学生了解中华传统文化中的"孝"。但教师对古诗文经典名句做充分的准备,是为理解其内涵而服务的,并不需要都呈现给学生。也就是说,教师在课堂中解读古诗文经典名句要把握好度,不能等同于语文课,不需要逐字逐句地"说文解字",重点要引导学生理解经典名句所要表达的内涵,以及对当前品德培养和行为养成的意义,而不是文言文翻译。

四、主题活动

(一) 活动主题

尽孝在当下

(二) 活动背景

六年级(全一册)第三单元的主题是"师长情谊",主要从师生关系和亲子关系两个角度体悟与师长的相处之道。其中"亲情之爱"这一课要求学生通过学习,了解中华文化中家的深厚意味,在价值观念方面认同我国家庭文化的浓浓亲情、丰富内涵,学会与家人相处,进而认同传统美德"孝亲敬长"既是重要的道德规范又是法律规定的义务,并以实际行动表达"尽孝在当下"。对于六年级的孩子来说,正处于从依赖家人到渐渐有自己的想法,渴望更广阔的空间的过渡时期,其对亲情和家人的感受很微妙。此外,现在的孩子,几乎都是家庭的中心,他们理所当然地接受着来自家庭成员的多重呵护,但对父母、祖辈的孝心回馈,却往往不够。一方面,孩子们缺乏相应的责任意识;另一方面,家长们会以孩子年龄小、时间紧等理由拒绝孩子们"尽孝"的行为。如何用实际行动表达孝敬之心,明白尽孝在当下? 如何掌握孝亲敬长的方法和技能,在实践中感悟家的意义,体验家庭文化中"孝"的精神内涵? 希望学生能够在实践中找到答案。

(三) 活动目标

1. 通过调查、访谈、搜集资料等,了解家人对自己做家务的态度和看法,感受浓浓亲情。

2. 通过与家人合作完成孝亲敬长的计划并予以实施,体验亲情之乐,学习与家人沟通、协商的方法与技能。

3. 在参与实践活动中培养各种能力,包括资料搜集整理、语言组织与表达、多媒体技术运用等。

(四) 活动内容和要求

1. 完成家务情况调查

要求:

(1) 根据实际情况,对自身在家做家务的情况进行汇总,并访谈家人,了解家人对自己做家务的态度和看法,完成调查问卷。

(2) 家务情况可以按照实际,取平均的数值;家人的态度要实事求是,原因部分表格中如果没有给出选项,可以在"其他"栏中具体注明。

_____家务情况调查表

你家的家务主要由谁承担?						
你做家务吗?(请在下方相应栏目中打"✓")			影响你做家务的因素主要是什么?(请在下方相应栏目中打"✓",或在"其他"中注明)			
经常(几乎每天都做)	有时	几乎不做	家人没要求或不让	没时间	不会	其他
你做的家务主要有			家人对你做家务的态度是			

2. 制订孝亲敬长计划

要求:

(1) 针对家庭实际情况,和家人一起制订孝亲敬长的计划。

(2) 制订计划要考虑实施的现实性和可行性。

(3) 记录在计划制订过程中遇到的问题及解决的过程。

(4) 和家人一起践行计划,并给自己的表现打分。

_____家孝亲敬长计划表

家庭成员				
		具体计划		
时间	具体安排	参与人员	实施情况（优秀/需改进）	
			父母评	自评
计划制订过程中遇到的问题：		问题解决的过程：		
计划实施中可能遇到的问题：		我们的解决方案：		

（五）活动评价

1. 关注过程性：就学生参与的态度、问题解决的方法以及活动的完成情况进行评价，以家长和学生评价为主（具体见"计划表"）。

2. 通过交流、展示学生孝亲敬长计划，对学生的"作品"进行评价，以学生互评为主（具体见下表：根据表现，分别予以 A、B、C、D 等第评价，从 A—D 完整性、规范性递减）。

孝亲敬长计划评价表

评价项目	按时完成	内容完整	表达规范
生 1			
生 2			
……			

评价人：_____

第四章

诚实守信

Cheng Shi Shou Xin

人而无信，不知其可也。

——《论语·为政》

正所谓"人无信不立"。自古以来，人们一直将真诚待人、信守承诺作为做人、为官、处世的基本道德准则。诚信作为中华优秀传统文化的一部分，被国人视作为人之本、立国之基。人们用实际行动践行诚信，并留下了宝贵的智慧与精神财富。

诚信是社会主义核心价值体系中对于个人的要求。习近平总书记在会见中国少年先锋队第七次全国代表大会代表时曾寄语全国各族少年儿童："要学会做人的准则，就要学习和传承中华民族传统美德，学习和弘扬社会主义新风尚，热爱生活，懂得感恩，与人为善，明礼诚信，争当学习和实践社会主义核心价值观的小模范。"诚信是中华传统美德，进一步推进诚信教育是现今构建和谐社会的需要，更是满足人民对美好生活向往的需要，这需要从中华优秀传统文化中汲取源源不断的智慧与资源。

随着科学技术的发展、全球化进程的加快，信息传递的速度愈加便捷，社会交往的关系越来越复杂，无论是个人交往、企业发展，还是国家往来，对于诚信的重视程度与日俱增。诚实守信，不仅能增进人与人之间友好往来的关系，减少社会管理的成本，更能为国家的经济社会发展营造良好的社会环境，增强国家文化软实力。

第一节　以诚为本,以信立人

一、探源解读

在殷商时代的甲骨文中,"诚"意为祭告祖先时所表达内心的虔诚。《中庸》提到:"诚者,天之道也;诚之者,人之道也。诚者,不勉而中,不思而得,从容中道,圣人也。诚之者,择善而固执之者也。"诚来源于天道,作为天道之诚,又要体现在人道之上。"诚"是天的根本属性,努力求诚以达到合乎诚的境界则是为人之道。对天而言,诚是自来的;对人而言,要做到诚实不欺的德行。"诚"可以解释为真诚、真理或者实在,但是无论哪一种解释,都是针对人的存在而言的。正如孟子所言:"尽其心者,知其性也。知其性,则知天矣。"

先秦儒家"诚信"思想是在我国古代先民们不断与自然斗争以及在社会实践中产生的一种优良道德品质。春秋战国时期,各诸侯国之间为争霸而大开不义之战,大行欺诈之风,各种阴谋诡诈之术层出不穷,上至权贵下至百姓,大至诸侯小至乡吏,都普遍缺失诚信之德,社会动荡,民心丧失,华夏大地一派乱象。此时,先秦儒家"诚信"思想顺应天地和人伦的呼声应运而生。孟子首次将"诚"纳入"信"的范畴,提出了"思诚"观,并将"信"纳入五伦体系,提出统治阶级要取信于民的思想,赋予了"诚信"丰富的道德内涵。[①]

(一) 说文解字

早在战国中后期,"诚"与"信"便已作为一个词组连用。在东汉许慎的《说文解字》里,对"诚"和"信"分别释义为"诚,信也,从言成声""信,诚也,从人,从

---

① 王婷.孟子诚信思想及其现实价值管窥[J].名作欣赏,2021(29):92-95.

言,会意"。由此可见,"诚"和"信"一直是一种密切相连的关系。区别之处在于"诚"重在个体的内心修养,是一种道德品质,是"信"的内在自觉;"信"则重在人际交往方式,是人与人建立和谐共进关系的行为范式与行为准则,是"诚"的外在表现。在现代社会,诚信亦是常常连用。

以"信"的字形演变来看"诚信"内涵发展:

"信"字字形演变流程图①

"信"是会意字。从字形上来看,"信"的甲骨文左边为"人",右边是"口",意思是口能用来说话,而人能遵守自己说过的话。② 演变到金文字形也是延续了这个意思。"信"的小篆字形改为"从言",意思是人的"口"说出的话要真实。演变到隶书字形后就固定了"信"的字形和定义,并沿用至今。

"信"的本义为语言真实,后来引申为诚实有信用、信任、任从等。根据《四库全书》对"信"和"诚(诚)"的查找,还可以了解到"信"的概念包括诚实、信用、相信,"诚"的定义包括真心实意、如果、确实。综上,我们可以将诚信定义为一种真诚待人、信守承诺的道德品质。

(二) 沿袭与发展

诚信思想在中华传统文化史上源远流长,是中华民族的传统美德和精神标识。在原始社会,个人对集体的信赖主要是靠"诚""信"来规范和维持。《周易》道"信及豚鱼",《逸周书》讲"成年不偿,信诚匡助,以辅殖财",表示人与人之间交往要真诚,要言行一致。正如前文所述,由于先民们对自然神灵产生了高度的依赖与崇拜,对宗教祭祀时所要求的虔诚态度产生了最初的"诚",这就是《尚书》所记载的"鬼神无常享,享于克诚"。

春秋战国时期,"诚信"思想进一步丰富与发展。彼时,诸子百家深刻意识到诚信的道德观念对人们生产生活产生了深刻影响,各派均进行了系统、深入的

---

① 许慎.说文解字[M].长春:吉林美术出版社,2015:312.
② 许慎.说文解字[M].长春:吉林美术出版社,2015:312.

理论思考与探索,使得传统诚信思想从经验型走向了理论型。例如,在孔子以"仁"为核心的伦理思想中,诚信是重要的组成部分,他强调从个人的道德修养到为官的治国理政都需要贯彻诚信思想。荀子补充了要将"诚信"与"忠""义"等伦理相结合。道家则从遵循事物本来规律强调诚信要真实。而法家强调了法、信、权是治国的三大原则。

秦汉时期的统治者传承、发扬了以儒家为代表的诚信思想,将"诚信"这一基本道德规范上升为统治阶级的意识形态,强调"诚信"是个人家庭、社会国家存在的根基,使其外延扩大到做人、为官、处世的基本道德范畴。为了更好地推进诚信思想,统治阶级将其以"法令、制度"的形式固定为传统社会普遍遵循的道德规范,对后世的影响颇深。

宋明时期,经过理学家们对"诚信"本原的持续探索、完善,将"诚信"纳入了哲学本体范畴,认为"理"代表客观的道德规范,"心"代表人的主体意识,"性"表示人的本性善恶,"诚"则是三者合一的主体至高的心灵境界①,从而形成了较完备的关于"诚信"的理论体系。

明清时期直至近代,由于资本主义萌芽开始出现,诚信更多被运用于商业贸易的"契约"中,进一步丰富和发展了几千年的诚信思想,初步表现出现代意义上的企业之间的"诚信"契约精神。诚信在商业往来中具有重要的价值意义。

当代,诚信是一个人的立身之本,"言必信,行必果"是中华民族待人处世的基本行为准则之一。诚信也是一个民族、一个国家的生存之基,是促进社会和谐有序的基石,是建立良好大国形象的根基。以诚实守信、正心笃志、崇德弘毅为重点的人格修养教育正是中华优秀传统文化教育的重要组成部分。党的十九大报告指出要"深入实施公民道德建设工程,推进社会公德、职业道德、家庭美德、个人品德建设",这既是与传统诚信思想一以贯之的,又是提升我国公民思想道德素质的价值应然。

(三) 教育意义

诚实守信,是公民道德规范的基本要求,也是现代社会文明的基石和标志。

---

① 王明志,况志华.中国传统诚信思想的演变及其当代启示[J].思想政治教育研究,2019(5):145-148.

一诺千金、"言必信,行必果"等古训,也早已深入人心。"诚"是对人的态度,忠诚、诚实;"信"是做人的态度,守信、讲信誉。当前,为实现中华民族伟大复兴的中国梦,我们要进一步深入领会并践行诚信思想,来促进社会的发展与和谐社会的构建。

1. 诚信是立身之本

诚信被认为是人们正心、修身、齐家、治国、平天下的先决条件,不仅在古代有着重要的意义和价值,在当代也是衡量一个人道德修养的准绳。中学是人格、品格发展的重要时期,诚信作为一种优秀品德的塑造、社会主义核心价值观的重要指标,对于当代中学生而言有着极为重要的教育意义。践行诚信是中学生加强自身道德修养的一种重要方式。

2. 诚信是安身之命

"与朋友交,言而有信",强调在交朋友时,要恪守"信",这正是交友的关键所在。因为朋友是建立在平等互信的关系上的,只有以诚信作为人际交往的纽带才能获得信任与尊重。所谓"人所以立,信、知、勇也",中国人自古就将"诚信"放在社会交往、为人处世的首位。诚信是一个人做人的根本,更是处世必备的品质。中学生要从小树立诚信思想,为未来安身立命奠定基础。

3. 诚信是国家之基

"学者不可以不诚,不诚无以为善,不诚无以为君子。修学不以诚则学杂,为事不以诚则事败。"可见,国家有序、和谐地发展时时处处都需要人们以诚信为本。诚信是契约精神的核心,是现代商业交往的基本道德准则,是市场经济有序、健康运转的"润滑剂"。我国自古重视诚信文化,当下更是强调发挥诚信在和谐社会发展中的根基作用,强调要在国际舞台上树立诚信、负责的大国形象。

二、经典品读

运用中华优秀传统文化中所蕴藏的"诚信"智慧,能更全面、更深刻地理解诚信背后的深层内涵与影响要素,从而更好地掌握诚信待人的法则,在运用中感悟诚信的价值,形成对诚信这一传统美德的认同。

（一） 以诚为杆,才能择其益友

诚信是立身之本,是交友的基石。六年级(全一册)第二单元《友谊的天空》中引用了"友直,友谅,友多闻,益矣",这句话出自《论语·季氏》,强调了正直、诚信、见多识广的朋友是对自己有益的。

【原文】

孔子曰:"益者三友,损者三友。友直,友谅,友多闻,益矣。友便辟,友善柔,友便佞,损矣。"

——《论语·季氏》

【释义】

此处的"谅"和"信"意义相同,意思是有信用。这段话想表达的是,同正直的人交友,同信实的人交友,同见闻广博的人交友,便有益了;同谄媚奉承的人交友,同当面恭维而背面毁谤的人交友,同夸夸其谈的人交友,便有害了。

【追根溯源】

《论语·季氏》是在季氏将要讨伐颛臾的背景下,冉有、子路去见孔子而引发的一系列讨论。孔子在这一篇章中阐明了自己的基本政治立场和政治主张以及对于君子德行操守的认识。

孔子的政治观,其核心内容是提倡建立合理和谐的社会政治秩序与政治伦理。然而,他所面临的社会政治现实,乃是"礼崩乐坏"、诸侯争霸、大国兼并,原来的"礼治"秩序正在迅速瓦解之中。因此,孔子反复强调了其以"礼乐"秩序为核心的政治立场。

此处反映出孔子对君子人格的修炼也遵循"礼"的原则。在他看来,"修己""进德"的门径,大致不外乎交友要慎、行事要敏、处世要敬。此处的"友直,友谅,友多闻"正是交友要参考的标准。

孔子对诚信非常重视,仅在交友之道方面就曾多次提及,例如在《论语·学而》中还有一句"与朋友交,言而有信",明确告诉我们要结交言行一致、信守诺言的人。

【学习意义】

通过学习可以认识到交友是需要智慧的,择友时要关注诚信指标——真诚是原则,守信是底线。正所谓"近朱者赤,近墨者黑",交到诚信的朋友不仅能在真心以待、互提谏言中互相促进、共同进步,更能为彼此建立正确的价值观、真正实现个人价值提供精神支持和资源。相反,如果交到不真诚的朋友,不仅可能会损害自身的权益,更可能会为了眼前利益而误入歧途,从看不惯到看得惯,从看得惯到跟着学,给自己"不诚信"以各种理由,逐渐歪曲正确价值判断的标准,这样不利于自身正确价值观的形成。

诚信作为社会主义核心价值观中公民个人层面的价值准则之一,要求人们做到在社会交往中待人真诚、信守诺言,既能取信于人,又能信任他人。人是具有社会属性的,需要在生产与生活中,不断地建立各种社会关系,而其中诚信就是维系各种关系的心灵纽带和考量标准,而常常失信于人的人得不到他人的尊重与认可,更交不到可信的朋友。处于价值观形成和发展关键期的学生,需要在此时不断建立正确的择友观,认识到诚信是交友的基本准则。

(二) 以诚相待,方可立身处世

以诚待人是为人处世之道。八年级(上册)第二单元《遵守社会规则》中引用了"人而无信,不知其可也",这句话出自《论语·为政》,强调了人要有诚信,否则无法在社会上立足。

【原文】

子曰:"人而无信,不知其可也。大车无輗,小车无軏,其何以行之哉?"

——《论语·为政》

【释义】

古代用牛力的车叫大车,用马力的车叫小车。两者都要把牲口套在车辕上。车辕前面有一道横木,就是驾牲口的地方。那横木,大车上的叫作鬲,小车上的叫作衡。鬲、衡两头都有关键(活销),"輗"就是鬲的关键,"軏"就是衡的关键。车子没有它,自然无法套住牲口,那怎么能走呢? 因此,孔子用这个来做比喻,阐释了"作为一个人,却不讲信誉,不知那怎么可以。譬如大车子没有安横木的輗,小车子没有安横木的軏,如何能走呢?"这一观点。

【追根溯源】

《论语·为政》从为官的原则到个人的修养方面都强调了诚信的重要性。

"人而无信,不知其可也。大车无輗,小车无軏,其何以行之哉"正是从社会层面与国家管理角度强调了诚信对于人际关系的重要性,指出没有诚信无法立足。

正所谓"明礼诚信","礼"是孔子所创立的儒家思想体系的核心价值观念,而诚信又是"礼"的重要组成部分。孔子通过这段话指出做人、处世中"信"是很重要的,没有信誉是绝对不可以的,强调了诚信对于立身处世的重要价值,同时还从政治角度阐明了得到百姓的信任比什么都重要的观点。换而言之,诚信是政客与百姓的重要纽带,这也是孔子的政治智慧。

【学习意义】

从个人层面来说,"诚信"不仅是择友的重要标准之一,也是人际交往、立身处世、建立良好社会关系的重要原则。现代社会中,我们常用"一诺千金"来突出"诚信"的价值。孔子的智慧更是告诉我们恪守"诚信"品质,走到哪里都能赢得信任与尊重,都能结交到真挚的朋友、建立起牢固的关系。相反,那些弄虚作假的人即便能获得眼前的利益,但从长远看却失去了周围人的信任,斩断了社会关系,也无法在社会上立身处世;那些口是心非的人,即使伪装了自己的外表也无法蒙蔽他人的内心,失去了别人的信任,谈不上有效的合作。因此,诚信是做人的基本道德,是原则,是底线,更是人际交往的纽带,安身立命之本。

这句话言简意赅地论述了失去诚信寸步难行,强调了在社会交往中诚信的重要性。运用这句话分析社会现象,能进一步认识到通过守信可以提高自己的信誉,不断扩大自己的交友圈子,不断得到他人的支持、帮助与关爱,而失信则等于斩断了大多数有益于自身良性发展的社会关系,从而使得寸步难行,因此要守住自己心中的"诚信"底线。

(三) 以诚铸魂,凝练价值追求

诚信是社会主义核心价值观的重要体现。九年级(上册)第三单元《文明与家园》中引用了"言必信,行必果",这句话出自《论语·子路》,强调了说话一定要算数,做事一定要坚决、果断。

【原文】

子贡问曰:"何如斯可谓之士矣?"子曰:"行己有耻,使于四方,不辱君命,可谓士矣。"

曰："敢问其次。"曰："宗族称孝焉,乡党称弟焉。"

曰："敢问其次。"曰："言必信,行必果,硁硁然小人哉!——抑亦可以为次矣。"

曰："今之从政者何如?"子曰："噫!斗筲之人,何足算也?"

——《论语·子路》

【释义】

这段话大致的意思是,子贡问:"怎样才可以叫作'士'?"孔子回答:"自己行为保持羞耻之心,出使外国,很好地完成君主的使命,可以叫作'士'了。"子贡又问:"请问次一等的呢?"孔子回答:"宗族称赞他孝顺父母,乡里称赞他恭敬尊长。"子贡马上又提出问题:"请问再次一等的呢?"孔子回答说:"言语一定信实,行为一定坚决,这是不问是非黑白而只管自己贯彻言行的小人呀!但也可以说是再次一等的'士'了。"子贡接着问:"现在的执政诸公怎么样?"孔子道:"咳!这班器识狭小的人算得什么?"

【追根溯源】

《论语·子路》包含了国家的治理、个人的修养与品格完善等内容。这一篇目的主人公仲由,字子路,又字季路,刚直、好勇,为救其主遇害。从子路的行为选择可以看出他的品行与修为——光明磊落,重朋友、讲信义、守承诺。《史记·仲尼弟子列传》也有所印证,记载为:"子路性鄙,好勇力,志伉直,冠雄鸡,佩豭豚。"

而这一段内容正是想借子路与孔子的对话强调诚实守信这一品行的重要性。子路的率真也表现在言行中不掺假欺瞒,同时又重承诺。虽然孔子自谓"自吾得由,恶言不闻于耳",但通过分析《论语·子路》中的记载,还是可以看出孔子对子路直率、真诚这一品性的认可。这也为荀子将"诚信"与"忠""义"等伦理相结合提供了线索,有助于巩固诚信处于个人道德修养的核心地位。

通过对这一段对话的品读,乍一看会觉得孔子对于诚信之人的评价并不高,算不上一等一的"士",但细细品读孔子所罗列的不同等次"士"的标准,就能发现,孔子是将诚信作为"士"的底线或基础。从"士"的素养来看,只有言语信实、行为坚决,坚决贯彻自己的言行才能算得上"士",再赋以"孝顺父母和恭敬尊长"才能上一等级,如果再能做到保持羞耻之心并很好地完成君主的使命,拥有这样的德行和智慧才能真正算最高境界的"士"。层层递进的逻辑关系,其实质反而是在强调诚信是"士"的核心素养。

【学习意义】

这里强调了诚信应当处于个人道德体系中的根基位置。作为德高望重、受人认可的人,不仅要有维护国家利益和荣誉的意识和智慧,要遵守孝亲敬长的礼,更需要以诚实守信、守诺践诺作为自己最根本的道德底线。一方面要理解诚信作为当代社会主义核心价值观个人层面的重要部分,其来源于博大精深的中华优秀传统文化;另一方面要能通过全面辩证地认识诚信、积极贯彻和践行诚信,为建成新时代的诚信文化贡献自己的力量。

学习这一部分内容有利于更深刻地理解古人对于诚信这一传统美德的内涵解析与价值定位。孔子在此实则强调了从个人的道德修为到政客的国家管理都需要秉持诚信这一价值准则。诚信对于个人来说,是道德品质、基本素养;对于国家而言,则是维系社会公正与公平、民主与法治的基石,更是建立与他国友好邦交关系、大国形象的底线。这一丰富内涵时至今日都值得我们学习与传承。

第二节　抱诚守真，言信行果

　　诚实守信是自古以来人们所信奉的为人处世之则，当前也是我国社会主义核心价值观中公民个人层面的一项价值准则。在《义务教育道德与法治课程标准(2022年版)》中，所提出的"道德修养"这一核心素养强调了要养成诚实守信的个人美德和优良品行，"健全人格"这一核心素养也强调了真诚、友善的要求。初中阶段的统编教材围绕安身立命、为人处世、立国安邦、强国富民都涉及"诚信"这一话题。

一、课程内容梳理

　　作为中华优秀传统文化的重要精髓之一以及当代社会主义核心价值观的重要内容之一，"诚信"这一精神品质隐喻并贯穿于教材的各方面。从教材整体设计来看，主要体现了"人与人—人与社会—个人与国家、民族"之间的螺旋式上升的逻辑关系。根据对教材的梳理，"诚信"的内涵可以分成三个层次：

　　六年级的教材设计旨在引导学生深入解析思考择友与交友的方法——要以正直、诚信、多闻等素养为择友的标准来提高自身正确价值判断的能力，并能做到诚信待人，这样才能被真诚的朋友所选择。

　　八年级的教材中贯彻了诚信无价的思想。通过理解并领会"人而无信，不知其可也"背后的哲学思想，认识到从社会的角度来说，唯有诚信才能赢得信任，唯有自己诚信才能结交到真诚的挚友。因此诚信是一个人最基本的素养，诚信也是个人道德素养的一项重要评价指标。

九年级的教材设计则强调引导学生理解今天国家所提倡和弘扬的诚信价值观是从中华优秀传统文化中汲取的养分,是一种继承和发展,我们应当在了解诚信文化历史发展的基础上,结合当下的时代背景与社会需要来更好地理解诚信的内涵,辨析诚信的行为,认同诚信的价值,真正做到言行合一,表里如一。

二、学生的声音

诚信是学生耳熟能详的主题,但在生活中常常会对诚信的知和行的统一产生困惑。尤其是随着学生生活范围的扩大与生活经验的增加,他们对于生活中如何辨析和践行诚信还存在误区。

学生声音一:我发现最好的朋友在答应不说出我的秘密后,竟然还泄露给了别人,这样不诚信的人,还需要和他做朋友吗?

学生声音二:在一次随堂默写中,同桌偷偷问我一个单词的拼法,我不告诉他又怕他说我不义气,这种默写本来就是小事一桩,老师也没看见……我该告诉他吗?

学生声音三:有人认为遇到任何事情都要坚守诚信的底线,那如何看待"善意的谎言"呢?

……

三、教学实践

当今社会,了解"诚信"的重要内涵和要求,进一步树立诚信意识,并在实际生活中能做出正确的价值判断和行为选择,做到诚实做人、恪守承诺是非常重要的。在案例分析、故事分享、材料讨论的过程中,教师引导学生加深对诚信本质的理解,认同诚信价值,并积极树立诚信观。

【案例一】

教学主题:诚信交友

教材链接:六年级(全一册)第二单元《友谊的天空》之"友谊的力量"

教学情境：基于学生的学习习惯和特点,本单元的学习以"诚信"主题故事分享会为形式,组织全班学生分组搜集古人在交友中的"诚信小故事"。

　　"诚信"主题故事分享会活动要求如下：

　　1. 此次"诚信"主题故事分享会旨在深入理解"诚信"的内涵,了解诚信作为传统美德源自中华优秀传统文化,通过展示呈现组员对交友中"诚信"的认识,在认同诚信价值的基础上,进一步践行诚信传统美德,让诚信成为交友的基石。

　　2. 全班分成六组,各组分工合作。

　　3. 各组员搜集名人交友中的"诚信小故事",通过筛选信息、合作研讨、重组信息的方式来呈现各小组对诚信内涵的理解。

　　4. "诚信"主题故事分享形式不限：可以是故事讲述、情景剧、演讲、诗朗诵、小组研讨或辩论形式等。

　　5. 活动后,组员收集并上交学习成果,形式不限：可以是文稿、剧本、视频、音频等。

　　6. 活动后,全体成员以自评、互评、师评来评价个人学习效果,注重过程性和整体性评价。

　　考虑到六年级学生在小学阶段已经学习过有关"诚信"的内容,但小学阶段的学习以学生的生活为基础,学习方式更具象。所以到了六年级,需要进一步加深学生对"诚信行为"的体验,并将体验中的认知与感悟初步上升为相对系统的经验总结,为对诚信的价值认同奠定基础,为培养学生从具象思维向抽象思维转变提供契机。

　　在设计这一活动时,初始的设计想法是有序递进、螺旋式上升,但在实际教学过程中,发现学生搜集并分享故事的学习方法依然停留在小学学习阶段的水平。即使教师在学习后强调要梳理出源于中华优秀传统文化的"诚信"的内涵,理解交友中诚信的重要性,但这种贴标签式的知识学习,对于学生在诚信领域达到知与行的统一,在复杂现实社会中提高对"诚信"的辨析能力意义不大。

　　基于以上实践反思,教师开展学情调研,了解到学生针对"因为帮同学遮掩谎话而加深友谊""诚实说话反而得罪朋友"等经历产生过困惑。针对教学目标,教师重新设计学习任务,更强调学生在故事搜集过程中注重思辨性,更关注学生的过程性体验,捕捉容易产生分歧或映射学生当下困惑的生成。

情境:学生在展示"管宁割席"的小故事时,提出管宁觉得"道不同不相为谋"就果断终止了友谊,也是一种真诚的表现。其他学生立刻有不同意见:

学生一:你不觉得管宁的大实话很伤害人吗?他虽然诚实,但我觉得他交不到很多朋友。

教师:你觉得华歆收到管宁的"绝交信息"会怎么想?

学生二:我觉得华歆可能虽然有点难过,但也会因为对方的坦率而心生敬佩。合则留、不合则散,君子坦荡荡,这也是对华歆的尊重。而且为什么要交到很多朋友?我倒觉得他这样挺好,最后收获的是真正志同道合、真挚互通的朋友。

学生三:我同意,我觉得华歆这样努力为了维护友谊而掩盖自己的喜好,反而是不真诚的。

学生四:难道为了友谊改变自己也是错吗?事实上,很多时候我们不都是"华歆"?不可能永远让朋友和自己一致啊,总要互相磨合。

教师:华歆到底真诚不真诚呢?你们是根据什么来评判真诚的?

学生五:我觉得真诚就是发自内心的,不是把它作为手段,所以我觉得其实无论是果断选择放弃友谊还是为了友谊努力改变自己,他们都是发自内心的,就是真诚。

教师通过引导学生深入话题,不断深化对"诚信"的辨析,例如在思考管宁的割席行为对友谊带来的影响时,让学生感受到真诚绝交也是一种对他人的尊重,引导学生认识到"诚实说话反而得罪朋友"实则在筛选能真诚接纳自己诤言的朋友。在思辨华歆到底真诚不真诚的过程中,学生可以进一步领会辨析诚信的原则和精髓,并运用于自身的实际交友之中,提高正确的价值判断。学生在此过程中能进一步明确诚信交友是一种价值认同,是与人为善的基础,进一步感悟、认知诚信智慧,并在情感上激发对诚信的共鸣。

【案例二】

教学主题:观点对对碰——孔子的"背信"与曾子的"守信"

教材链接:八年级(上册)第二单元《遵守社会规则》之"践行诚信"

教学情境:学习本单元,需要加强学生对中华优秀传统文化的认知与认同。

在此过程中,教师精选了两段历史典故,以诚信为切入口,引导学生在激烈讨论中进一步厘清诚信的概念,领悟古人的智慧,认同古为今用的价值。

材料一:有一次,孔子在周游列国时路过一个叫"蒲"的地方,这里的人凶残而又野蛮,蒲地的公孙氏是一个强势的氏族,它占据蒲地反叛卫国。因为孔子与卫国国君交好,蒲人就扣留了孔子,以防他外出报信。但是孔子的弟子中有一个叫公良孺的,身材高大,才智双全,一时间居然能抗击蒲人不落下风,蒲人害怕了,就对孔子说:"如果你发誓不到卫国去,我们就放你们走。"孔子马上发了誓,并和蒲人订立了盟约,蒲人这才放他们出城。

哪里知道,蒲人前脚刚走,孔子就直奔卫国报信了!孔子的弟子子贡很疑惑,子贡说:"与人订了盟约也可以违背吗?"孔子从容笑道:"在要挟下订立的盟约,在神那里是不算数的。"

材料二:曾子的夫人到集市上去赶集,她的孩子哭着也要跟着去。曾子的夫人对孩子说:"你先回家待着,待会儿我回来杀猪给你吃。"曾子的夫人从集市上回来,就看见曾子要捉猪去杀。她就劝阻曾子说:"我只不过是跟孩子开玩笑罢了。"曾子说:"(夫人)这可不能开玩笑啊!孩子不知道(你)在和他开玩笑。孩子没有思考和判断能力,要向父母亲学习,听从父母亲给予的正确的教导。现在你在欺骗他,这就是教育孩子骗人啊!母亲欺骗孩子,孩子就不会再相信自己的母亲了,这不是教育孩子的正确方法啊。"于是曾子把猪给杀了,煮了肉给孩子吃掉了。

通过材料请学生思考:你怎样看待孔子的"背信"与曾子的"守信"?

学生一:我觉得曾子的"守信"是值得我们学习和提倡的。孔子虽然"背信",但我觉得其实也是他的无奈,他是被要挟的。

学生二:无奈归无奈,毕竟还是"背信"了。那这样说,曾子的夫人在自己孩子哭闹的"要挟"下做出的承诺,不也可以违背?

学生三:我觉得两种"要挟"的性质不一样。一个毕竟是出于生命安全,一个是为了哄骗孩子。

学生二:那不管怎么不一样,一个在"要挟"的背景下践诺了,一个则违背了承诺。

教师出示:信近于义,言可复也。(所守的诺言如果符合于义,那么所说的

话就能够兑现。）——《论语·学而》

教师提问：请大家结合这句话来进一步谈谈自己的看法。

学生四：孔子如果遵守了和蒲人的承诺，其实就违背了他和卫国的义。我觉得他和曾子的"守信"不相矛盾。曾子对孩子的践诺也是出于义。

学生五：我也同意。蒲人作为成人，要挟孔子签订违背孔子内心"义"的约定，实则是违背诚信原则的行为。但曾子的妻子不同，她本身有教育孩子的义务，孩子还未成年，不具备正确判断的能力，反而她的行为不利于孩子树立正确的诚信观。

教师提问：围绕材料一和材料二，谈谈践诺还需要考虑哪些要素。例如网络时代下，是秉持坚守诚信还是保护隐私的原则？

学生六：践诺还是需要智慧的，不能只看是不是遵守承诺的行为表现，不同情况下，还要具体情况具体分析。所以践诺还需要考虑是否遵循伦理、道德和法律的要求。所以网络时代下，坚守诚信和保护隐私是要兼顾的，要能判断行为影响是否会触及道德和法律底线。

诚信作为中华民族的传统美德，其内涵在历史的长河中被不断丰富与发展。"善意的谎言"是不是违背了诚信的准则？在复杂的现实生活中，诚信的践行又需要哪些智慧？这些是学生的真实问题，对于这类问题的回应可以从古人的智慧中去寻找依据，这是引导学生了解并认同中华优秀传统文化的重要契机。

诚信的辨析饱含着古人的智慧。教师通过出示两段材料，让学生在比较与讨论中，进一步全面和辩证地理解诚信的内涵以及践诺需要考虑的因素。学生会在两段材料的分析中表达出不同的观点和立场，有的认同孔子的言行，有的则以曾子的故事来论证孔子的行为是"背信弃义"的，争论不断、观点不一。此时，教师出示"信近于义，言可复也"的解析，帮助学生加深对诚信的辩证认识，在不断深入讨论的过程中，感悟古人的大智慧、学理性及哲理性，从而形成对诚信传统美德、中华优秀传统文化的认同，提升文化自信。

四、主题活动

（一）活动主题

开展"诚信之星"评选活动

（二）活动背景

八年级（上册）第二单元《遵守社会规则》倡导"诚信无价"的价值观。现在的中学生对为什么要诚信、诚信的标准以及如何践行诚信还是比较茫然的。从古至今，诚信都发挥着重要作用。当今社会，诚信的价值体现得越来越重要，诚信已经成为社会主义核心价值观的重要内涵之一。因此，此次活动需要从中华优秀传统文化中汲取养分，帮助学生理解"诚信"内涵。教师通过开展"诚信之星"评选活动，让学生在讨论的过程中进一步厘清诚信的内涵及意义，树立诚信至上的观念，形成诚信是美德的思想，引导学生要真诚待人，信守承诺。

（三）活动目标

1. 通过"诚信之星"的评选活动，理解诚信的内涵和价值，积极树立诚信意识，主动践行诚信美德。

2. 通过讨论，对诚信行为的评价指标达成共识，从而提升对复杂生活中诚信行为的正确价值判断和行为选择。

（四）活动内容和要求

查找有关诚信的资料，界定诚信内涵与评判诚信的行为标准，从而形成对"诚信之星"的评价指标。根据指标，推荐心目中的"诚信之星"并阐明推荐依据。

具体要求：

1. 结合对诚信相关内容的调查，制定"诚信之星"评价指标。

2. 根据指标，推荐1—3位心目中的"诚信之星"并分别描述其事迹和推荐理由。

3. 评选"诚信之星"时要立足现状，说明理由，使人信服，并对评选结果予以公示。

"诚信之星"评选单

评价指标	具体内容	得分
推荐人物 1 及其事迹		
推荐理由		
推荐人物 2 及其事迹		
推荐理由		
推荐人物 3 及其事迹		
推荐理由		

（五）活动评价

1. 结合评价单的评价标准,评价采用过程性评价,将教师评价、自我评价、小组评价相结合。全程关注学生的学习态度、学习能力和方法、活动的参与情况、任务单的完成和交流情况。

2. 对评选后公示的学生予以表彰和鼓励,作为学习的榜样予以加分。

参与"诚信之星"评选活动评价单

序号	评价指标	分值	自我评价	教师评价	小组评价
1	积极、主动参与活动,能与其他同学合作完成任务	2分			
2	推荐人物及其事迹真实、可信	1分			
3	推荐理由逻辑清晰、有理有据:有真实的佐证材料、有清晰的逻辑阐释	5分			
4	评价过程与结果客观、公正	2分			

第五章

立志笃行

Li Zhi Du Xing

夫学者，不患才不及，而患志不立。

——《晋书·虞溥传》

学习的人，不担心才学比不上别人，而是担心没有立下远大的志向。纵观古今，凡成大事者必志向高远，笃行至强。对一个人而言，为学须先立志。"志不立，天下无可成之事。"明代思想家王阳明这句话告诉我们，如果没有明确的立志，如果没有坚定的志向，那么就没有任何成功的基础，就没有任何成事的基石。

立志易，笃行难。青年最富有朝气、最富有梦想。"行百里者半九十"，世上从不缺少伟大的志向，而要把远大志向变成现实，既要学得真学问、练就真本领，又要有锲而不舍、自强不息的奋斗精神。通往成功的道路没有捷径，唯有从一点一滴做起，不断奋斗前行。"少年智则国智，少年富则国富，少年强则国强，少年进步则国进步。"让立志笃行成为年轻一代的标配，尽早明确人生奋斗方向和目标，坚定为志向前行的信心，才能为实现中华民族伟大复兴的中国梦贡献力量。

第一节　尚志为先，知行合一

一、探源解读

《左传·襄公二十七年》："志以发言，言以出信，信以立志，参以定之。"每个人的言行要相符，做到言行一致，恪守信用才有助于志向的实现。"笃行"是为学的最后阶段，《礼记·儒行》："儒有博学而不穷，笃行而不倦。"君子应该博览群书，而知识的积累是无止境的，有了学问还要付诸行动。既然学有所得，就要努力践行所学，使所学最终有所落实，做到"知行合一"。"笃"有忠贞不渝、踏踏实实、一心一意、坚持不懈的意思。只有拥有明确目标、意志坚定的人，才能真正做到"笃行"。

（一）说文解字

依据《汉语大字典》，"志"字字形的演变如下表所示：

"志"字字形演变流程①

侯马盟书	中山玉壶	古钵	说文·心部	纵横家书二〇九	晋辟雍碑阴

总体而言，"志"从侯马盟书起，在较长的一段历史时期，字形相对稳定。直

---

① 杨琪."志"的语义分析和文化阐释［D］.福州：福建师范大学，2017：9.

至篆书,"志"的笔画才渐趋平整。古往今来,众多学者对"志"都有过阐释,本义诠释也不尽相同。徐锴在《说文解字系传·通论》中讲道:"志,心者,直心而已,心有所之为志。"①这揭示了"志"的本义为"心有所之",即直面内心,心愿所往即为"志"。潘任在《说文粹言疏证》中也将"志"释义为"意念、心情"。徐铉将"志"增补进《说文解字》时,言"志"之本义为"心之所之"。清代学者高翔麟也认为"志"的本义为"意念、心情",在此基础上他还提出"志"通"誌""识""帜",扩大了"志"的语义外延。

随着时代的发展,"志"在本义的基础上被人们又赋予更多的含义。综合《辞源》《辞海》《古代汉语词典》《汉语大字典》等对"志"的释义,去除现今很少使用的义项,"志"的主要义项为:(1)意志、心情;(2)志向、志愿;(3)记,记住;(4)记录、记载;(5)记事的书或文章;(6)标志、标记。②

(二) 沿袭与发展

1. 关于"志"

古人重"志",由来已久。古人无论修学炼心,都讲究先立志,正所谓"有志者,事竟成"。《尚书》中提到"诗言志,歌永言",将"志"解释为"意念,意愿"。《易经》谈及"志"高达六十余次,将其解释为"人们所期望的具体事情"。先秦诸子百家也曾谈到"志",如老子主张"弱其志",即消除强盛相争追逐之意志,这是相对于追逐欲望的强盛之心而言的,强调人虽需立志,但不要有太高太大不切实际的志向,不要太过争强好胜;墨子推崇"天志"即"天的意志",也可以解释成"天意""天道",他主张在人伦社会秩序之上存在一种绝对权力,即"天","天"决定人伦社会秩序,并惩恶扬善。③

儒家对"志"的论述最为系统和完善。"志"在《论语》中被提及十余次,其中含义多为"志向""立志"。孔子极其重志,认为"志"对于人之价值比肩生命,主张每个人都应该早立志("吾十有五而志于学")、立大志,要"志于学""志于道""志于仁"。《孟子》中言"志"多达四十余次,其含义多为"志向,理想",也作"意志、意念"之解。孟子在孔子之"志"的基础上,对其加以完善,将"志"与"仁"

---

① 徐锴.说文解字系传[M].北京:中华书局,1987:316.
② 杨琪."志"的语义分析和文化阐释[D].福州:福建师范大学,2017:16.
③ 杨琪."志"的语义分析和文化阐释[D].福州:福建师范大学,2017:25.

"义""气"相联系，认为人要完成天降之"大任"，"必先苦其心志，劳其筋骨，饿其体肤……"，强调"居仁由义""养浩然之气"，谋求培育以"尚仁义之志"为核心的"大丈夫"。荀子认为"志"意指人之心理意向，气血、意志的修养只是为了遵循"礼"。

在宋明时期占主导地位的理学家中，邵雍认为"潜心"方能谓之志者，故要成为圣贤君子，必须潜心努力实现远大的目标。张载说"人若志趣不远，心不在焉，虽学无成"，强调"立志"不可偏倚的问题，他认为"志"乃"教之大伦"，教导学生要先教其立志，并且要"正其志"，即志向要端正。程颐、程颢也谈立志、正志，他们认为只有"立志"才有根本，只有"正其志"才能"正其气"。王阳明融合儒、释、道的观点，认为"志不立，天下无可成之事"，在具体、形象叙述立志重要性的同时，着重强调志笃、为善和专一。最终，王夫之全面总结并阐发了前人的观点，形成了一个完整的博大精深的志论体系，基于元气本体的生化学说和阴阳变合的辩证法思想，通过志与气、志与意等关系的论证，全面而深刻地阐释了"人为什么要有志""立什么样的志""怎样立志、守志"等一系列重大理论问题。他认为"入学之士，尚志为先"，一个人不管干什么事业，都必须先要"立志"，而且强调要立大志，要立"以身任天下"的"无私之志"。他提出立"正志"要从少年儿童抓起，反对"玩物丧志"，同时要把个人身家利益无私服从于民族大义，即"立志"要建立在民族主义和爱国主义的基础之上。①

近代以来，为了取得民族独立和赢得人民解放，我国进行了长达 100 多年艰苦卓绝的奋斗。在民族危亡之际，许许多多中国人立志肩负救国救民的责任，并为之奋斗终身，甚至不惜牺牲宝贵的生命。中国民主革命的伟大先驱孙中山先生以天下为己任，毕生坚持"三民主义"（民族主义、民权主义、民生主义），发出"革命尚未成功，同志仍须努力"的号召。中国共产主义运动的先驱、中国共产党的主要创始人之一李大钊，在《青春》一文中写道，"以青春之我，创建青春之家庭，青春之国家，青春之民族，青春之人类，青春之地球，青春之宇宙""为世界进文明，为人类造幸福"。毛泽东 17 岁考入了湖南湘乡县立东山高等小学堂，临行前写下"孩儿立志出乡关，学不成名誓不还"。周恩来少年时就发出了立志读

---

①　贺兴武.王夫之论"立志"[J].舟山学报,1988(S1):34-36.

书、报效祖国的誓言——为中华之崛起而读书！

中华人民共和国成立以后，百废待兴，百业待举，无数同胞怀着对祖国和人民的无限热爱与忠诚，以国家和人民利益为重，为社会主义现代化建设鞠躬尽瘁、奉献终身。著名科学家、中国工程院院士、"两弹一星功勋奖章"获得者、中国航天事业的奠基人钱学森，一生中三次改变志向，最后选择了火箭导弹事业，五年归国路，十年两弹成。中国工程院院士、"杂交水稻之父"、"共和国勋章"获得者袁隆平，19岁时一意孤行立志学农，立志改造农村，一生始终奔走在田间地头，昼夜躬耕于稻田，追寻"禾下乘凉梦"的超级水稻梦，解决了全球十几亿人的饥饿问题。

2. 关于"笃行"

"笃行"一词源自《礼记·中庸》："博学之，审问之，慎思之，明辨之，笃行之。"这句话的意思是广泛地学习，详细地询问，谨慎地思考，明确地分辨，踏踏实实地实行。"笃"，坚定，这里有"踏实"的意思。"笃行"，就是踏踏实实地实行。《中庸》把做学问分为五个阶段，"博学之，审问之，慎思之，明辨之"都是在明理阶段，"笃行"是为学的最后阶段，即学有所得，就要努力践行所学，使所学最终有所落实，做到"知行合一"。

从某种意义上说，中国传统哲学就是"行"的哲学。

老子说"千里之行，始于足下""上士闻道，勤而行之"，贤能之士追求学问和真理勤勤恳恳、坚持不懈。

在孔子的观点中，立志只是个人道德修养的起始，更重要的是坚持不懈地持志修养。首先，孔子主张守志有恒，要穷其一生去实现志向，不朝令夕改，不为追名逐利而穷竭心计。其次，孔子认为守志应该做到笃学不倦、安贫乐道（"士志于道，而耻恶衣恶食者，未足与议也"）和知难而进（"三军可夺帅也，匹夫不可夺志也"）。再次，还要有"敏于行"的实干精神，唯有实践才能实现志向。孔子曾言："文，莫吾犹人也。躬行君子，则吾未之有得。"最后，孔子认为"力行近乎仁"，即如果人竭力实践、勉力而行，发扬知行合一的精神，在实践中运用知识，就具备了做一个真正的接近于仁的君子的美好品质。

孟子在强调立志的同时，也非常重视"持志"，即时刻秉持志向，绝不轻易改变，用磨炼意志的方式"砺志"，坚守仁义，持之以恒，当"生"与"义"不可兼得时，主张"舍生取义"。

历史上,有识之士都强调"行",这样的例子不胜枚举,如司马光说"学者贵于行之,而不贵于知之",陆游则在冬夜里告诫儿子:"纸上得来终觉浅,绝知此事要躬行。"

中国共产党自诞生以来,始终坚持用马克思主义同中国实际相结合来指导中国的革命、建设、改革的伟大实践。在马克思主义发展过程中,"知"的过程表现为认识活动的过程,而"行"的过程则表现为实践活动的过程。[①]"社会主义是干出来的""空谈误国,实干兴邦""实干才能梦想成真""幸福都是奋斗出来的"……已被中国特色社会主义建设实践所证明。

(三) 教育意义

1. 要树立远大志向

立志作为经久不衰的人生大问题,既是传统的也是现代的。立志就是要确立人生的基本定向与道德理想境界。立志不是立一个短期的目标或者方向,而是立定人生的基本趋向,指向品德修为的锤炼,止于至善。朱熹说:"为学须先立志。志既立,则学问可次第着力。立志不定,终不济事。"要成为社会主义建设者和接班人,必须早立志、立大志、立长志,把实现个人价值同党和国家前途命运紧紧联系在一起。

习近平总书记多次与青少年谈论立志对于树立正确人生方向的重要性,多次对青少年们说"人生最重要的志向应该同祖国和人民联系在一起""立志是一切开始的前提""青年志存高远,就能激发奋进潜力,青春岁月就不会像无舵之舟漂泊不定。正所谓'立志而圣则圣矣,立志而贤则贤矣'"。青年的人生目标会有不同,职业选择也有差异,但只有把自己的小我融入祖国的大我、人民的大我之中,与时代同步伐、与人民共命运,才能更好地实现人生价值、升华人生境界。

2. 为实现志向而艰苦奋斗

实现志向是一个漫长而且艰辛的过程。在这个过程中,会遭遇各种困难和逆境,面临着很多不确定的诱惑与挑战,如果没有坚定的信念和意志,没有吃苦耐劳、

---

① 王振芳.习近平知行合一观研究[D].济南:山东师范大学,2021:18.

不懈奋斗的精神，就无法走得更远，更别说实现远大志向。青年是祖国的未来、民族的希望。无数人生成功的事实表明，青年时代选择吃苦也就选择了收获，选择奉献也就选择了高尚。好儿女志在四方，有志者奋斗无悔。每一个青年都应主动将个人的艰苦奋斗融入国家和民族的奋斗大潮中，将个人的命运与国家和民族的命运紧密相连。如此，青年心中才有阳光，眼里才有远方，脚下才更有力量。

二、经典品读

（一）为学须先立志

志向是人生的航标。六年级（全一册）第一单元《成长的节拍》中引用了"苟日新，日日新，又日新"。这句话原本是商汤王刻在洗澡用具上的箴言，意思是说，"如果能够一天新，就应保持天天新，新了还要更新"。这是激励青少年进入中学后，要有新的目标和要求来激发自己的潜能，才能不断实现自我超越。青少年编织人生梦想需要从小学习立志，学习古人早立志。这一单元之"少年有梦"就引用了《格言联璧》中关于"志向"的经典语句。

【原文】

志之所趋，无远勿届，穷山距海，不能限也。

志之所向，无坚不入，锐兵精甲，不能御也。

——《格言联璧》

【释义】

"趋"指向往。"无远勿届"指没有什么再遥远的地方不能到达。"届"指到。"限"指限制。"无坚不入"，即没有什么坚固的东西不能被戳入。"御"指抵御。意思是，志向所趋，没有不能达到的地方，即使是山海尽头，也不能限制。意志所向，没有不能攻破的壁垒，即使是精兵利甲，也不能抵抗。

【追根溯源】

这段话出自清代金缨编著的《格言联璧》。其所编《格言联璧》一书，按儒家大学、中庸之道，以"诚意""正心""格物""致知""修身""齐家""治国""平天下"等主要内容为框架，搜集有关这些内容的至理格言，按当时人的阅读习惯分为十一类,从个人、家庭到社会、国家,凡所应有,无所不有。

作者的用意在于以金科玉律之言,作暮鼓晨钟之警,即用圣贤先哲的至理格言来鞭策启迪童蒙,使其从小懂得做人的道理,树立远大的人生志向,努力进取,长大以后成为于国于家有用的人。

【学习意义】

青年是国家的未来和民族的希望,是社会上最富有朝气、最富有创造性、最富有生命力的群体。青春理想,青春活力,青春奋斗,是中国精神和中国力量的生命力所在。青少年的精神状态、目标与梦想、理想与信念以及综合素养,是一个国家发展活力的重要体现,也是一个国家核心竞争力的重要因素。

苏轼说:"古之立大事者,不惟有超世之才,亦必有坚忍不拔之志。"立志非常必要,趁早立志尤为重要。早立志,能让青少年树立人生的航标。"恰同学少年,风华正茂。"中学时代,学生充满朝气,只有找到奋斗方向和目标,才能避免随波逐流、亦步亦趋,不被错误思潮误导,不被低级趣味诱惑,才能用行动架起梦想和现实之间的桥梁。

（二）立志须立大志、立长志

六年级(全一册)的"少年有梦"和九年级(上册)的"中国人,中国梦"都将个人立志、梦想,与时代、民族、国家紧紧联系在一起。九年级(上册)"中国人,中国梦"引用了《礼记·礼运》中关于对未来社会的美好愿景的描绘。

【原文】

大道之行也,天下为公,选贤与能,讲信修睦。故人不独亲其亲,不独子其子,使老有所终,壮有所用,幼有所长,矜寡孤独废疾者皆有所养。男有分,女有归。货恶其弃于地也,不必藏于己;力恶其不出于身也,不必为己。是故谋闭而不兴,盗窃乱贼而不作,故外户而不闭,是谓大同。

——《礼记·礼运》

【释义】

在政治上的最高理想施行的时候,天下就是人们所共有的,人们把品德高尚的人、德才兼备的人选举出来,人人讲求诚信,培养和睦的气氛。因此人们不单单赡养自己的父母，也不只抚养自己的儿女，让老年人可以有养老送终的处所，青壮年可以有被任用工作来养家糊口的地方，让年幼的孩子有可以健康成长的地方，让老而无妻的人、老而无夫的人、幼而无父的人、老而无子的人、残疾人都能得到社会的供养，男子有职务，女子有归宿。对于财货，人们憎恨把它扔在地上的行为，捡起来却一定不是要自己私藏。人们都愿意为公众之事竭尽全力，而一定不是为自己谋私利。因此奸邪之谋不会发生，盗窃、造反和害人的事情不再兴起，所以家家户户的大门都不用关闭，这就是理想社会。

【追根溯源】

《礼记》是儒家经典之一，据传由西汉戴圣对秦汉以前的各种礼仪论著加以辑录、编纂而成，共四十九篇，是一部儒家思想的资料汇编，是中国古典文化中最高哲理的载体。

引文是《礼记·礼运》开头部分孔子的一段话，是为阐明儒家理想中的"大同"社会的基本特征。孔子生活在动荡不止、变乱纷呈的春秋末期，因此迫切希望出现一个太平盛世、一个理想社会。

【学习意义】

立志要明确人的目标，不仅要与个人的人生目标紧密相连，还要与时代脉搏紧密相连，与社会、国家甚至全人类的发展不可分割。如何才能立大志、立长志？

首先，立志要确立远大的目标和理想。《尚书·盘庚》中说："若射之有志。"志，本义是射箭的箭靶，引申为事业走向的"目标"之意。理想因其远大而为理想。习近平总书记寄语青年，应当立鸿鹄之志。青少年应该与祖国和时代共成长，成为担当中华民族伟大复兴的时代新人。

其次，立志更要有坚定的信仰和信心。信仰是对心志的始终自信，是对意志的坚定不移。人民有信仰，民族有希望，国家有力量。习近平总书记一再强调，"不忘初心，继续前进"。不忘初心，就是始终铭记缘何出发的信仰；继续前进，就是不改坚守志向的信心。没有一个政党的执政成功，不是因为理想和信仰的感召；没有一个国家的走向强大，不是因为目标和信念的坚定。信念因其执着而为信念。中国梦是国家的梦、民族的梦，也是每一个中国人的梦，中华民族伟大复兴的中国梦将是青春奋斗史上最精彩的一页篇章。

（三）立志要力行

"千里之行，始于足下。"少年有梦，不应止于心动，更要付诸行动。人生的前进，"志"如落点，"勤"如连线，要知行合一。征途漫漫，唯有奋斗。努力奋斗，是梦想与现实之间的桥梁。六年级（全一册）中"少年有梦"部分引用了"功崇惟志，业广惟勤"，强调只要坚持努力，把奋斗落实在每一天的具体行动中，即使过程再艰难，也有机会离志向、梦想更近一步。

【原文一】

王曰："呜呼！凡我有官君子，钦乃攸司，慎乃出令，令出惟行，弗惟反。以公灭私，民其允怀。学古入官，议事以制，政乃不迷。……戒尔卿士，功崇惟志，业广惟勤，惟克果断，乃罔后艰。……"

——《尚书·周书·周官》

【释义】

"功崇惟志，业广惟勤"中，"崇"是崇高，"惟"为由于、因为。

成王说："啊！凡是我的各级官长，要认真对待你们的职责，慎重对待发布的命令。命令一旦发出了，就要进行，不要违抗。用公正消除私情，人民将会信任归服。学古代治法入仕途，议论政事依据法制，政事就不会出错。……告诉各位卿士，功高由于有志，业大因为勤劳。能够果敢决断，就没有后来的艰难。……"

【追根溯源】

《尚书》是中国古代重要的经学文献，其中《周书》是《尚书》的组成部分之一，保存了西周初期与周公相关的一些重要史料。周成王灭了淮夷，回到王都丰邑，和群臣一起总结周王朝成就王业的经验，并向群臣说明周家设官分职用人的法则。其中他在告诫"有官君子"（大夫以上有职事者）要忠于职守、勤于政务时，说道："你们要认真对待你们的职责，要忠于职守、勤于政务，不能怠惰忽略。你们要知道，功高由于有志，业大由于勤劳。"

【原文二】

道虽迩，不行不至；事虽小，不为不成。其为人也多暇日者，其出入不远矣。

好法而行,士也;笃志而体,君子也;齐明而不竭,圣人也。

——《荀子·修身》

【释义】

即使路程再近,不走也不会到达;即使事情再小,不做也不会成功。这句话强调了踏实笃行的意义。在说明实践("行"或"为")的重要性之后,荀子分析了践行修身的三种境界:依法度行事,把礼法贯彻到自己的实践中,这是士人;具有坚定意志并能亲身实践、孜孜不倦的人,这是君子;敏捷明智并坚持不懈地践行真理的人,这是圣人。

【追根溯源】

荀子反复强调实践("行")的重要性。《劝学篇》说"不积跬步,无以至千里",《儒效篇》说"知之不若行之。学至于行之而止矣。行之,明也。明之为圣人",说的都是关于行动的道理。不从点滴做起,就无从谈论成功。"知明而行无过",这才是理想的境界。

荀子认为,修养身心,努力提高自身的思想境界和道德水平,可不是容易的事。这就如同走路,路程即使很近,不走也不会到达目的地;这就如同做事,事情即使很小,不做也不会成功。在现实生活中,那些整日游手好闲的人,即使有成就,也不会超出常人多少。

【学习意义】

努力是一种生活态度,需要坚持不懈地去行动、奋斗,这是永恒的道理。每一项事情,不论大小,都是靠脚踏实地、一点一滴干出来的。做人做事,最怕的就是只说不做,眼高手低。不论学习还是工作,都要面向实际、深入实践,实践出真知;都要严谨务实,一分耕耘一分收获,苦干实干。

青年兴则国兴,青年强则国强。青年一代有志向、有理想、有本领、有担当,国家就有前途,民族就有希望。青少年必将肩负起实现"第二个百年奋斗目标"的重任,"空谈误国,实干兴邦""天下兴亡,匹夫有责",只有脚踏笃行、真抓实干,才能使国家兴旺发达,共圆中国梦,共享出彩人生。

第二节　志存高远,勤勉笃行

　　青春孕育无限希望,青年创造美好明天,青年的志向和梦想始终同时代脉搏紧密相连。少年有梦,不应止于心动,更要付诸行动。青少年要从小学习立志,要早立志、立大志、立长志,把自己最重要的人生志向同祖国、同人民联系在一起,自觉听从党和人民的召唤,心怀"国之大者",勇于担当责任和使命,争当伟大理想的追梦人,争做伟大事业的生力军,成为有理想、有本领、有担当的中国特色社会主义建设者和接班人。

一、课程内容梳理

　　立志与笃行是中华优秀传统文化中的思想精华。初中《道德与法治》统编教材中有关"立志"的内容,主要集中在六年级和九年级的"少年梦"和"中国梦"中,"笃行"部分在各年级均有涉及,只是"行"的侧重点不同。而"立志笃行"融合在一起的内容,主要集中在六年级和九年级。

　　六年级侧重于从少年有梦的角度,引导学生站在中学这一新的起点去编织梦想,思考确立目标与志向,从小学习立志;懂得早立志、立大志、立长志需要将个人梦与时代相连,与中国梦相连;激励学生通过努力,坚持行动,每天争做"最好的自己"。

　　九年级上册侧重从国家角度描绘实现中国梦就是要实现国家富强、民族振兴、人民幸福。中国梦是国家的梦、民族的梦,也是每个中国人的梦。青少年要彰显新时代中国人的自信品格,既要胸怀理想,又要求真务实,与时代同进步,与祖国共成长,中国梦终将在一代代青年的接力奋斗中变为现实。九年级下册主要侧重从青少年的情怀和抱负的角度,开阔学生的视野,引导学生要有心系祖国、胸怀世界、迈向未来的情怀,要坚定理想信念,志存高远,努力在实现中国梦的伟大实践中建功立业,承担推动人类共同发展的责任。

二、学生的声音

中学生朝气蓬勃,思想活跃,对未来充满期待和想象。但随着信息技术迅猛发展,青少年获取信息的途径和手段更多元化、便捷化,受西方文化、快餐文化、网络文化等影响,"个性化""情绪化"凸显,追求短期利益,胸无大志,安于现状,缺乏明确的理想信念,内心苦闷迷茫,道德认知和行为出现矛盾性。他们对立志的看法不一。

学生声音一:我现在不愁吃穿,也没什么大的追求,立不立志对我来说没有什么影响。

学生声音二:我现在的志向就是考上理想的高中,至于以后干什么,以后再想。

学生声音三:我们初中生还没有踏入社会,离职业选择还很遥远,不知道以后能干什么、会干什么,怎么立志?

学生声音四:立志容易,但要实现是很难的。谁不想立大志,有出息,但有多少人能真正实现?

学生声音五:我觉得我就是一个平凡的人,也干不了惊天动地的事儿,管好自己,过好每一天,也是对社会的贡献了。

……

三、教学实践

立志教育,是我国优秀传统文化教育的精华,是提升当代青少年人文品质的迫切需要。青少年阶段是人生的"拔节孕穗期",最需要精心引导和栽培,在青少年的立志教育中具有极其重要的地位和丰富的文化教育价值。但在新时代的今天,青少年的生理、心理都随时代发生着急剧的变化,作为思政课教师,我们该如何让青少年认识到立志的重要性,并引导他们早立志、立大志、立长志,努力为自己的志向和梦想坚持不懈地奋斗下去呢?

【案例一】

教学主题:志向是人生的航标

教材链接:六年级(全一册)第一单元《成长的节拍》之"少年有梦"

教学情境:课堂上学习"志向是人生的航标"时,请学生列举一个关于"早立志、立大志、立长志"的古今人物或故事,很多学生表示不知道,还有的学生不知道"鸿鹄之志"的意思。针对这样的现象,设计了一份单元作业。

材料一:"陈涉太息曰:'嗟乎!燕雀安知鸿鹄之志哉!'"(摘自《史记·陈涉世家》)

材料二:"宰相之杰"张居正写下"愿以深心奉尘刹,不予自身求利益",躬身改革、不计毁誉;民族英雄林则徐树立救国为民的高远志向,在虎门销烟、抗击英军等历史事件中,始终做到"苟利国家生死以,岂因祸福避趋之";周恩来在少年时便立志"为中华之崛起而读书",表达了他从小立志振兴中华的伟大志向。

单元作业:

(1)查阅资料,了解材料一背后的故事。

(2)查阅资料,了解材料二中三位伟人确立志向的历史故事与内容。

(3)结合材料,谈谈立"鸿鹄之志"应该考虑哪些因素。

(4)辨析:我们初中生还没有踏入社会,离职业选择还很遥远,不知道以后能干什么,而且志向又不是一成不变的,早立志没有必要。

(5)请再查找1—2个"立志"的故事,讲给小伙伴听听,并结合故事谈谈立志的意义。

以上单元作业,结合刚刚升入六年级学生的学情,主要是培养学生学会查阅资料,学会讲故事,并简要结合故事情境,懂得青少年立志的重要意义,以及青少年立志需要考虑个人、时代、国家等多种因素。王阳明在《示弟立志说》中谈道,"夫志,气之帅也,人之命也,木之根也,水之源也"。意思是,志是气的统帅、人的性命、树的根本、水的源头。一个人如果没有立志,没有志气,就会浑浑噩噩地过日子,活着也只是沦为做事的工具。志可以是一个具体的高目标、远目标,也可以是一个抽象的大概念,在大目标、远目标下还可以有阶段性小目标、近期性目标。但无论如何，"志"是一个人安身立命的精神支柱，每个人都应立志，立志是一个人健康成长、发展的关键。所以，要早立志。

有志者，事竟成。志向不是空中楼阁，也不是灵感突发，更不是空想。范仲淹"先天下之忧而忧，后天下之乐而乐"的政治抱负，林则徐"苟利国家生死以，岂因祸福避趋之"的报国情怀，孟子"富贵不能淫，贫贱不能移，威武不能屈"的浩然正气，文天祥"人生自古谁无死，留取丹心照汗青"的献身精神等，都体现了古人的高尚志向。虽然说时代在变，青年人的使命也在变，但是精神内核是不会变的，那就是自觉地把个体命运与国家命运、时代发展融为一体。因此，我们要把爱国情、强国志、报国行筑牢在青少年的成长中，引导他们早立志、立大志、立长志，培养有理想、有本领、有担当的时代新人，积极投入为实现中华民族伟大复兴的奋斗中去。

【案例二】

教学主题: 勇做追梦人

教材链接: 九年级（上册）第四单元《和谐与梦想》之"中国人，中国梦"

教学情境: 实现中华民族伟大复兴的中国梦，是 14 亿中国人共同的梦想。伟大复兴之路艰难曲折，是用无数汗水、鲜血和生命铸就的。如何理解中国梦的深刻内涵？如何将个人梦与国家梦紧密相连？历史是最生动、最具说服力的教科书。

材料一：中国共产党能团结带领中国人民创造"四个伟大成就"

1917 年俄国十月革命给中国送来了马克思列宁主义。在马克思列宁主义同中国工人运动紧密结合中，中国共产党应运而生。党团结带领人民经过 28 年浴血奋战，推翻帝国主义、封建主义、官僚资本主义三座大山，实现了民族独立、人民解放，建立了人民当家作主的中华人民共和国，创造了新民主主义革命的伟大成就。

1949 年中华人民共和国成立以来，党团结和带领人民进行了社会主义革命，确立了社会主义基本制度，实现了一穷二白、人口众多的东方大国大步迈进社会主义社会的伟大飞跃，创造了社会主义革命和建设的伟大成就。

党团结带领人民确立了社会主义初级阶段的基本路线，发展中国特色社会主义，坚定不移地推进改革开放，实现了经济总量跃居世界第二的历史性突破，实现了总体小康的历史性跨越,创造了改革开放和社会主义现代化建设的伟大成就。

党团结带领人民坚持和完善中国特色社会主义制度,推进国家治理体系和治理能力现代化,全面建成小康社会,实现了第一个百年奋斗目标,正向着全面建成社会主义现代化强国的第二个百年奋斗目标迈进,创造了新时代中国特色社会主义的伟大成就。

材料二:李时珍和《本草纲目》(教育动画)

明朝时期,李时珍背弃父亲要他读八股文科举入仕的愿望,一心阅读医书《神农本草》,发现其中很多中药没有详细记载,决心认真编写一部详尽的医书。他对书中的每一种中药都十分认真地考证,经过30多年终于完成巨著《本草纲目》。

思考:

(1)从党的百年历程所创造的"四个伟大成就"中概括中国梦的内涵。结合材料内容归纳近代以来中华民族实现了哪些飞跃。

(2)结合视频内容,你认为李时珍弃"入仕"之路而"从医"的理由有哪些?李时珍在完成《本草纲目》的过程中体现了哪些可贵的精神或品质?

(3)立志、立梦容易,但要实现是很难的。结合材料一、材料二,你觉得在立志追梦过程中可能会碰到哪些问题?又该如何面对这些问题呢?

要正确、全面、深刻地理解中国梦的内涵,必须站在历史的长河中,以百年党史观中国革命、建设、改革的伟大实践。结合习近平总书记在庆祝中国共产党成立100周年大会上的重要讲话,加工整理党团结和带领全国人民创造的"四个伟大成就",带领学生徜徉到历史长河之中,以史为据,领悟实现中国梦不仅只是实现国家富强、民族振兴,更重要的是实现人民幸福,这是中国共产党的初心和使命。在党的全面而正确的领导下,中华民族迎来了从站起来、富起来到强起来的伟大飞跃,正向着全面建成社会主义现代化强国的第二个百年奋斗目标迈进。

中国梦是历史的、现实的,也是未来的,需要一代代的青年为之接续奋斗。如何把个人的梦与中国梦相连?人各有志,但贵在立志。修学最重要的事情就是立志,"终身问学之功,只是立得志而已"。青少年如何才能基于中国梦立好志,并为之奋斗?结合李时珍弃"入仕"之路而"从医"的视频材料,让学生懂得立志笃行的重要性。首先,要立坚卓之志。"君子立长志,小人常立志。"当今社会竞争越来越激烈,升学、就业压力以及各种外在的诱惑都是我们每个人必须面对的现实,只有心存善念去私欲,联系时代、国家、人类的发展,才能在不断的努力学习中立于"得志"之正途。其次,要持之以恒。立志是要解决奋斗目标即理想问题,要实现理想,必须要有坚持不懈的恒心和坚忍不拔的毅力。"不忘初心,矢志不渝",认准目标,撸起袖子加油干,这是党百年发展历程告诉我们的。最后,要笃行不倦。孔子十五有志于学,三十而立。志是通过学习与实践的验证逐步充实而立的,没有人能随随便便成功,艰难笃行是必经过程。在笃行不倦中,要发扬"敏于行"的实干奋斗精神,才能在实践时实现志向,为中国梦的实现添砖加瓦。

四、主题活动

(一)活动主题

寻梦·触梦·立梦——初中职业体验实践活动

(二)活动背景

中学时代是人生最美好的年华,是人生成长的十字路口,也是学生由稚嫩迈向成熟的起点,可以见证一个人从少年到青年的生命进阶。站在新的起点,如何才能使中学生活过得丰富多彩、更有意义、更有价值?六年级(全一册)第一单元《成长的节拍》之"少年有梦",九年级(上册)第四单元《和谐与梦想》之"共圆中国梦",均涉及对学生开展立志教育。青少年时期是承上启下达到"有志于学"的重要年段。但在当前,新时代下的他们物质生活富裕,却在精神生活上对于立志、立大志、立长志的理解与认同出现偏差。究其原因,主要有以下三点:一是学生对自己缺乏认知,对自己的未来缺少思考;二是对社会中各行各业缺乏了解,特别是各种职业的特点与要求;三是未能将自己与社会、国家紧密联系在一起思考梦想、理想等问题。

中共中央、国务院印发的《关于深化教育教学改革全面提高义务教育质量的意见》指出,要加强学生生活实践、劳动技术和职业体验教育。通过职业体验教育,学生在课堂学习中寻梦、知梦,在职业实践体验中触梦、织梦,在课题探究中立梦、析梦。

（三）活动目标

1. 了解当前社会不同职业的特点与要求,简要归纳相关职业所需要的知识储备与能力要求,结合自己的实际和未来期望,寻找适合自己的职业。

2. 体验相关职业的岗位要求以及辛劳与不易,进而调整自己的目标与职业规划。

3. 通过自我剖析与触梦体验,将现在的自己与未来的自己连接起来,制订一份初步的未来职业规划,架起现实与梦想的桥梁。

（四）活动内容和要求

1. 通过问卷调查、访谈、搜集资料等方式,了解自己喜欢的职业,介绍一位在该领域的工作者,并根据该职业特点,分析自己的优点与优势,开启寻梦之旅。

2. 通过亲身参与相关职业体验活动,深入了解该职业,开启触梦之旅。

3. 结合自我剖析与触梦体验,学做一份未来的职业规划。

少年有梦——寻梦（六、七年级适用）

理想职业介绍			
姓名		年级、班级	
理想职业介绍（40分）	获取理想职业信息的途径（1分）	□访谈调查　　□查阅相关书籍　　□网上搜索 □其他	
	职业类别（1分）	□财经类　　□专业技术类　　□文化传媒类 □生活服务类　　□公共管理类　　□科技教育类 □其他	
	职业名称（3分）		
	理想职业基本情况介绍（20分）		
	该领域工作者介绍（15分）		

该职业所需的储备（40分）	心理方面（10分）	
	知识方面（10分）	
	能力方面（10分）	
	其他方面（10分）	
我的体验与反思（20分）	（可联系该职业与自身情况，多角度反思）	

少年有梦——触梦（七、八年级适用）

我的职业体验
——职业体验活动记录单

姓名		年级、班级	
选择的职业体验（35分）	职业类别（2分）	□财经类　　□专业技术类　　□文化传媒类 □生活服务类　　□公共管理类　　□科技教育类 □其他	
	职业名称（3分）		
	职业了解 （所体验职业的基本情况） （30分）		
该职业所需的储备（40分）	心理方面（10分）		
	知识方面（10分）		
	能力方面（10分）		
	其他方面（10分）		

我有疑问(5分)	
我的 体验 与反 思 (20分)	

少年有梦——立梦(九年级适用)

我的职业规划 ( )年至( )年		
姓名		年级、班级
理想 的职 业 (40分)	最初的选择(10分)	
	现在的选择(10分)	
	改变的原因(10分)	
	职业特点与要求(10分)	
理想 职业 所需 储备 (40分)	心理方面(10分)	
	知识方面(10分)	
	能力方面(10分)	
	其他方面(10分)	
未来 规划 (20分)	(联系社会、国家发展与自身情况)	

（五）活动评价

	少年有梦 ——寻梦	少年有梦 ——触梦	少年有梦 ——立梦	自评	互评	师评	总评
活动考勤与表现(10分)							
活动单完成情况(100分)							
其他突出表现(10分)							

说明：

1. 活动考勤与表现：缺席一次扣 1 分，表现不好扣 0.5 分。9—10 分为优秀；6—8 分为良好；5 分为合格；5 分以下不合格。

2. 活动单完成情况：按照活动单每一项目赋分值，内容空白或完全不符合要求扣相应分值。86—100 分为优秀；70—85 分为良好；50—69 分为合格；50 分以下不合格。

3. 其他突出表现：如代表班级或小组在学校、班级或职业体验场馆交流，或制订较为完整、可操作的职业规划，等等。

第六章

学无止境

Xue Wu Zhi Jing

子曰："学如不及,犹恐失之。"

——《论语·泰伯》

　　孔子认为真正有志于学的人,应当有着唯恐学不到、唯恐学不会的紧迫感。"学如不及"体现的就是这种为学不知满足的紧迫感和主动进取的学习态度。对于好学的人而言,学习是没有止境的,他们永远都不会觉得满足。中国自古以来就非常重视学习,从个人层面强调博学、勤学以及终身学习的价值理念,从社会层面强调学习对于经济与社会发展、精神与文化传承的意义。关于学习的态度、学习的价值、学习的方法乃至勤学品质的哲学思想,古人在不同的历史时期都有所探索,并在守正创新中不断加以丰富。一代代中华儿女对学习价值的深刻解析及对勤学品格的大力弘扬,助力中华民族五千年文明史的延绵不断,助力中华民族优秀传统文化的创新发展。深入学习、领会中华优秀传统文化中有关"学习"的智慧,可以让我们明晰学习意义、拓宽学习思路、锤炼学习品质。

　　随着信息时代的发展,当下青少年学习的渠道得以拓展,学习的方式得以丰富,学习的内容也呈现多元化的趋势。按照个体发展的规律来说,青少年这一阶段是学习本领、打好基础的重要时期,更是价值观形成的重要阶段。形成正确的学习观、创新学习方式、树立终身学习理念,有利于青少年练好内功、提升修养,为实现中华民族伟大复兴的中国梦而奋斗终身。

第一节　力学不倦,博学洽闻

一、探源解读

"学"字的出现是与当时的时代发展背景和主要生产方式紧密联系的,反映了当时的社会形态、文化及人们的生活方式。从"学(學)"字的甲骨文字形足见当时对"学"的理解强调了学习需要有专门的场地与操练、实践,这表示当时的学习已经有专门的场地与人员。

根据历史记载与推测,原始社会由于生产力、生产工具、生产方式等方面的限制,往往有经验却失去劳动力的老者在固定的场所充当幼儿的照看者并传授相应的经验与知识,这就是最早幼儿学习的场域,这也进一步论证了早期的学习更强调技能。

（一）说文解字

中华民族五千年泱泱文明史从未中断,依赖于一代代中华儿女的学习和文字的延续。"学"字的演变过程,也正体现了人们对学习内涵的理解和认识的不断深化,也体现了人们对于如何传达信息、保存文化的智慧。

①	②	③	④	⑤
甲骨文	金文	小篆	楷书	简化字

"学"字字形演变流程图①

---

① 左民安.细说汉字[M].北京:中信出版社,2015:84.

甲骨文形体的"学(學)"字,上部为两只手结网的动作,因为在当时结网属于复杂的技能,非传授是不能获得的,因此需要学习。这里的学习是一种获得技能的意思。上古时期,"学(學)"字还可以当"教"用,后来进一步区分了"教"与"学"的字形,也进一步精准定位了"学"的内涵。"学(學)"字演变到金文和小篆字体时,下部分别增加了"子"的金文和小篆字体,旨在进一步明晰学习(包括结网等技能)的主体是孩童。随着社会发展,楷书对"子"的表达进一步简化,进一步推动了"学(學)"字体的演变。而简化字则为了便于书写,进一步对字形进行了简化。

根据《四库全书》对"学(學)"的查找,可以了解到该字有诸多内涵,包括学习、学者、学校、学问等,其中学习为其本义,其他都是根据学习引申出来的。对"学"的定义包括模仿、讲述、描写等。本章主要采用的正是"学习"这一本义。《辞海》(第七版)对"学"的定义中关于"学习"强调了勤学苦练、勤工俭学等。

综上所述,"学"的渊源来自对技能的习得,加上"习"本身有反复练习、温习的意思。可见,"学"在中华优秀传统文化中一方面与勤奋的品格紧密相连,另一方面强调了需要在实践中学习。

(二) 沿袭与发展

"学(學)"早在甲骨文字形中已经出现,甲骨文"学"字中包含了双手、算筹与房子等要素,反映当时的学习更强调对技能的习得。到了春秋战国时期,以孔子为代表的儒家学派对"学"的内涵与外延又加以补充。《论语·子张》中"博学而笃志,切闻而近思,仁在其中矣",阐释了仁德就是通过在广泛的学习中坚守自己的志趣、在基于对当前问题的恳切表达中展现出来的。

《论语》中还反映了对优化学习方法的建议。例如《论语·雍也》中的"知之者不如好之者,好之者不如乐之者",强调了要重视发掘学习兴趣的重要性。《论语》中的"学而时习之,不亦说乎"与"诵《诗》三百,授之以政,不达;使于西方,不能专对;虽多,亦奚以为",也强调了学习需要通过实践来验证,学习的最终目的是解决现实问题,否则毫无意义。

《学记》从教育的角度阐释了"为什么学""学什么"以及"怎样学"的哲学思想,揭示了"道"与"学"的关系,强调了"教"与"学"的关系,以及在学习时如何择师取友等方面的智慧,虽然局限于当时的历史背景,但依然对今天有重大的影响。

我国关于学习的研究博大精深,人才辈出,无法一一枚举。中国古代对于学习的认识还往往与"仕"有关,子夏说"仕而优则学,学而优则仕",正是反映了这一思想。这反映出中国古代始终将学习与国家发展、社会需要紧密相连,强调对社会的价值。中国古代学习思想的独特性还体现在基于天人合一的人道主张,基于知行合一的伦理旨趣,基于政教合一的教化倾向,基于道器合一的实践品格。"学习"思想发展的内在逻辑是以性善论作为学习思想的逻辑起点,以文质彬彬作为学习的终极追求,以知行合一作为学习的方法路径。

近代史上,由于国力不强、饱受欺凌,中国对"学"的认识受到较大冲击,较多地受到西方思想的影响。其中包括比较系统地提出"五育并举"思想的蔡元培,在他的影响下,人们进一步丰富了学习的内容,明晰了"军国民教育、实利主义教育、公民道德教育、世界观教育、美感教育"这五育的重要学习价值。近代平民教育推动者陶行知提出了学习与日常生活紧密相连,动手与动脑息息相关的观点,他坚持要培养"有生活力的公民",并提出终身践行生活教育。这些思想至今深刻影响着今天的学习方式。

而今,随着科学技术的迅速发展,人们对于学习的认识逐步升级,认识到运用网络技术能更好地了解学生学情,遵循学生学习规律来优化学习方法,创新学习环境来促进学生学习。

在此过程中,作为习近平新时代中国特色社会主义思想的重要组成部分,习近平总书记关于学习的重要论述非常值得参考。正如他在纪念五四运动100周年大会上强调的:"新时代中国青年运动的主题,新时代中国青年运动的方向,新时代中国青年的使命,就是坚持中国共产党领导,同人民一道,为实现'两个一百年'奋斗目标、实现中华民族伟大复兴的中国梦而奋斗。""新时代中国青年要增强学习紧迫感,如饥似渴、孜孜不倦学习",习近平总书记将学习意义与时代使命相联系,强调明晰历史责任、理论联系实际、持续创新发展、勤奋刻苦学习、抓牢学习契机,内容丰富、要求明确、观点深刻。

(三)教育意义

古人重视学习,而如今我们依然重视学习。我们要通过汲取古人有关学习的智慧,来为今天进一步解析学习价值、激发学习兴趣、创新学习方式、树立终身学习意识,从而创建学习型社会提供理论支持与实践经验。具体来说,有关学习的内容可以为我们提供以下借鉴。

1. 激发"自主学习"的内驱力

学习的内驱力源自对学习目的和价值的深刻理解。《论语》《学记》乃至《劝学篇》都从国家发展与个人担当紧密相连的角度来定义学习的目的。从社会价值的层面来寻找学习的意义:一方面更符合当前社会主义核心价值观的要求,另一方面也符合人的社会性和归属感,对于形成正确的世界观、人生观、价值观,树立人生志向具有重要的意义。激发志向能激发学习的主动性和自觉性,这一观点在《学记》中就被提出,其中提到了"考校"首先要考"志",因为"志"是学习自觉性和主动性的心理基础。

2. 形成"勤学苦练"的品质

对勤学苦练的品质认同在历朝历代的学习观中都有据可查。当前社会主义核心价值观中提出的敬业要求也是与之一脉相承的,这种基于对工作认认真真、勤勤恳恳的态度以及通过勤学苦练而不断提升的业务能力是需要从小培养的,在学习期间便以勤学为要旨,这种根深蒂固的习惯与态度会影响终生,形成其优秀的精神品质。

3. 掌握"学做一体"的方法

从"学"字的甲骨文就可以看出,中国古代非常强调学习中的实践过程。前文所提到的《论语》及《学记》中都有所阐述,例如《学记》中强调思想上不重视实际训练,就落实不了乐、诗、礼的教学任务。后期随着科举制度的影响,"学"与"习"的脱节愈来愈明显。

到了近代,十分强调实践重要性的莫过于陶行知先生,他结合西方杜威的思想与中国国情,提出了"生活即教育""社会即学校""教学做合一"等教育理论。而这些思想是当前提出"劳动教育"的重要基础。重视实践学习不仅有利于我们纠正对体力劳动的认知偏差,更有利于我们树立正确的学习观与人生观,以及掌握科学的学习方法。

4. 践行"终身学习"的理念

从孔子七十岁开始学习与研究《易经》,到庄子"吾生也有涯,而知也无涯",

以及荀子所强调的"学不可以已",中国古代学习观中就非常重视终身学习的品质。

而今,随着科技的迅速发展与社会的不断变迁,终身学习更是深入人心。早在1972年联合国教科文组织提出的《学会生存》报告中就强调了未来社会"最终将走向学习式社会"。随后,终身学习受到了社会各界的广泛关注。在习近平新时代中国特色社会主义思想中也反复强调牢固树立终身学习的理念。当我们将学习与勤学苦练的品质、爱国敬业的志趣相联系时,就更容易落实到终身学习的行动上,这能为构建学习型社会提供条件。

二、经典品读

"勤学"自古以来便是我们的优良美德。青年尤其要珍惜时光、不负韶华、勤学苦练,这背后既有遵循个体成长与发展规律的智慧,又有从小锤炼修为、提升品质的要求。中华优秀传统文化中对于学习的见解是丰富的、深刻的。鉴于"学以明志"的内容在其他章节中已有阐释,结合初中《道德与法治》教材的内容,仅从遵循学习规律、创新学习方法、开展学习实践三个角度入手来阐释中华优秀传统文化对于我们当今开展学习的借鉴意义。

(一) 时不我待,提升学习意识

任何事物都有规律,青少年是学习的黄金期,要如饥似渴地学习,这也是遵循规律。六年级(全一册)第一单元《成长的节拍》中引用了"季夏之月……鹰乃学习",强调了要珍惜时光,不断加强练习。

【原文】

季夏之月,日在柳,昏火中,旦奎中。其日丙丁。其帝炎帝,其神祝融。其虫羽,其音微,律中林钟。其数七,其味苦,其臭焦,其祀灶,祭先肺。温风始至,蟋蟀居壁,鹰乃学习,腐草为萤。

——《礼记·月令》

【释义】

这段文字是从时节的角度阐释了世界万物是如何遵循自然法则来运行的。

其中包括"与季夏相配的虫是五虫中的羽虫,相配的音是五音中的徵音,相配的律是十二律中的林钟",尤其是"温风开始吹来,蟋蟀居处在墙壁上,小鹰开始学习飞翔与猎食,腐草化为萤火虫"。而"习"字的说文解字正是小鹰"数飞",也就是多次飞翔练习的意思。这段文字强调了在不同的时节有不同的职责和成长契机,要抓紧时机不断学习,如果错过了学习的时机,便无法弥补,甚至招致惩罚。

【追根溯源】

《礼记·月令》是中国古代的自然法法典之集大成。将自然秩序与人类的社会生活紧密联系在一起,以遵循自然规律来规范人们的社会生产和生活,是中国古代自然法思想的表现形式之一。《礼记·月令》特别集中地反映这一思维方式,通过研究《礼记·月令》可以了解古人对自然界的认识和理解。其核心思想——具有自然法意义的四时政令思想在先秦时期就广泛传播,并对中国农耕文明影响巨大而广泛。

《礼记·月令》对于自然规律的把握与尊崇反映出中国古代社会人们对自然环境的认识,贯彻四时感应及阴阳思想,以顺于自然、不违时令、不误农时为原则,科学、合理地规划社会生活的意识。其中,强调违背时令与自然规律会招致"天罚"的神本主义思想反映了古人在自然法观念下的自省与警世,这种时令思想在当时的工事、兵事以及狱讼领域中都有所贯彻。因此,这就需要人们在学习时不断了解和遵循四时为序,从而根据自然时令来布政施令,并加强训诫与教化。在这样的思想背景下,"鹰乃学习"就是在自然法的观念影响下,强调任何学习都要遵循规律、抓紧时机,错过时机便难以弥补。这种遵循自然规律的智慧到今天依然值得传承,这种抓紧时机学习的意识今天依然值得提倡,敦促学生珍惜当下、奋力搏击。

【学习意义】

学习是有其自然规律的,这背后包括了人类学习能力的普遍规律以及个人学习方式和学习习惯的规律。"青年人正处于学习的黄金时期,应该把学习作为首要任务。……让勤奋学习成为青春远航的动力,让增长本领成为青春搏击的能量。"学习要遵循自然规律,要抓紧时机勤学、苦学,只有这样才能为未来追寻梦想、实现梦想修好内功、打好基础,才能让自己的青春不悔。

教学中,教师可以结合脑科学和个人生理发展规律的理论,进一步阐述青少年这个年龄段正是学习本领的最好时光。青少年时期是学习知识、培养能力、锤炼品德、树立正确价值观的"拔节孕穗期"。这个阶段其实是学生思维最活跃、创新能力最旺盛、记忆力最强的时期,因此中学生要珍惜时间、摸准学习规律,积极树立学习意识,提升学习的积极性。正所谓"少壮不努力,老大徒伤悲",青少年应当树立积极、乐观、主动的学习态度,勤奋学习、刻苦学习。

(二) 灵活变通,优化学习方法

中学生如何才能既掌握一套符合自身认知水平和成长规律的学习方法,又能灵活变通地加以运用? 教材六年级(全一册)第一单元《成长的节拍》中就提出了"工欲善其事,必先利其器",这句话出自《论语·卫灵公》。

【原文】

子贡问为仁。子曰:"工欲善其事,必先利其器。居是邦也,事其大夫之贤者,友其士之仁者。"

——《论语·卫灵公》

【释义】

子贡问怎样去培养仁德。孔子道:"工人要搞好他的工作,一定先要搞好他的工具。我们住在一个国家,就要敬奉那些大官中的贤人,结交那些士人中的仁人。"

【追根溯源】

《论语·卫灵公》记录了孔子与弟子关于仁德治国、"君子小人"观等方面的政治思想以及个人道德修养等方面的教育思想。

这段话最初是从治国为官的角度来阐释仁德培养的方向的。孔子通过这一段文字告诉子贡,一个做工艺的人要想做好他的工作,就应该先优化他的工具。而从国家管理的角度来说,要从政为官并想对这个国家有所贡献,就必须结交政府的中坚力量、政坛上的大员,并和各种贤达的人交朋友。也就是说要实现仁政,就要先通过与国家核心力量以及贤仁的人士结交,从而了解国情、建立良好的关系与智囊团等。孔子借用工匠做工作类比,强调为官治国需要掌握正确的学习路径和方法,才能真正实现目标。

钱穆在其《论语新解》中,引用孔安国的注解"工以利器为用,人以贤友为助",并对这段文字补充阐释为:"工无利器,不能善其业,犹人无材德,不能尽其仁。器不自利,必经磨砺,亦如人之材德,必事贤友仁,然后得所切磋熏陶而后能成也。仁者,人与人相处之道。仁德必于人群中磨砺熏陶而成。有其德而后可以善其事,犹工人之必有器以成业。"这就进一步将孔子对于从政的修为借鉴价值辐射到个人道德修养领域,强调选择与品德高尚的人交往,会受他们价值观的影响与熏陶,在长期的潜移默化中,个人的思想境界和道德修养就会得到提升。

【学习意义】

科学的学习方法是我们学习事半功倍的基石。青少年时期,我们如果能学会适合自己的、科学的学习方法,并且反复加以推敲、实践、总结,形成自己的学习方法,将终身受用。"工欲善其事,必先利其器"这句话的原意也提供给学生一种寻找学习方法的智慧,即这种好的方法不仅包括个人的基础能力和研究能力等,还包括能择良师交益友,在一个良好的群体中学习成长的能力,这样更有利于个人正确价值观的形成以及个人道德修养的提升,并在这种氛围的熏陶下共同刻苦学习、努力钻研、互通有无、合作共勉,从而共同实现梦想与价值。

通过实践与交流,学生认识到学会学习需要掌握一定的学习方法,掌握一些基本的学习策略,结交正直友善、趣味相投的朋友,并且养成良好的学习习惯,才能提升学习能力。而学习方法的形成并非一蹴而就,这需要学生在日常生活的实践中不断自我总结与提炼,归纳出适合自身的学习方法,从而提高学习有效性,增强学习兴趣,提升学习境界,成为善学、乐学的中学生。

(三)实践探索,检验学习知识

实践是检验真理的唯一标准。紧密联系实践的学习也更符合学生的认知规律,有利于学生能力的迁移。教材九年级(下册)第三单元《走向未来的少年》中就引用了"学而时习之,不亦说乎",这句话出自《论语·学而》。

【原文】

子曰:"学而时习之,不亦说乎? 有朋自远方来,不亦乐乎? 人不知,而不愠,不亦君子乎?"

——《论语·学而》

【释义】

这段文字中的"时",朱熹在《论语集注》中把它解为"时常"。"习"一般解释为"温习"。"说"与"悦"字相同,高兴、愉快的意思。"有朋",古本有作"友朋"。"愠"是怨恨的意思。这段话的意思是:"孔子说:'学了,然后按一定的时间去温习它,不也高兴吗?有志同道合的人从远处来,不也快乐吗?人家不了解我,我却不怨恨,不也是君子吗?'"

【追根溯源】

"学而时习之,不亦说乎?"这句话早已家喻户晓。作为《论语》的开篇首句,该句有开宗明义的作用,是整本《论语》的总纲,揭示了孔子一生为人就是悦于学而乐于教,而《论语·学而》更是强调了孔子的"好学、乐学、活学"的哲学思想,事实上该篇目将"活学"的思想贯穿始终。

这三句话从为学、为人、为事三个方面出发,并阐释了这三者之间相互连贯、互相联系的关系。有解释说,这里的"学"不仅仅是学习与实践,更承载着一种学说或主张。"习"不仅仅是温习,还带有使用、采用的意味。因此,通过三句话的解析来进一步强调,实践是学习的必要环节,为形成发自内心的对学习价值的认同与热爱学习的情感提供体验基础。

【学习意义】

学习必须与实践相联系,要学以致用、用以促学、学用相长。书本知识的掌握必须在实际问题的解决中得以检验,换句话说,书本知识的学习归根结底是需要用实践来检验,在实践之后再将经验提升为新的理论知识,建构与完善个人的知识体系,这是个人学习的内化过程。

人要获得知识,有两种途径是非常重要的:一是学习理论知识,二是通过实践,两者缺一不可,且相互关联。所谓"实践是检验真理的唯一标准",理论在实践中可以得以论证与进一步优化,实践也需要理论来进行指导。学习知识固然重要,但脱离实际生活的学习是毫无意义的,死记硬背的方式也得不到学生的认同,没有了实际价值。理论知识的学习要与实践紧密结合,并通过实践来论证与强化。

因此,通过进一步厘清"学"与"行"的内涵,澄清理论知识与实践活动的关系,有利于明晰学习的路径与方法。

第二节　学以致用，学以修身

　　学习能助人开阔眼界，能促人提升能力，能涵养人的品性与修为，更重要的是学习能让人明晰自己的人生目标，寻找到实现人生价值的立足点。古人有云：读万卷书不如行万里路。学习并不仅仅是阅读，也需要在实践中检验和运用知识，并以学笃行。《义务教育道德与法治课程标准（2022年版）》强调了要落实"立德树人"这一根本任务，要遵循学生身心发展特点和成长规律，以及要紧密联系学生生活并促进知行合一等要求。这正是从学习的价值、学习的方法以及学习的规律等角度来阐明教育的要义，值得师生共学与同行。

一、课程内容梳理

　　涉及"学习"的话题，在初中各年段教材中都有所分布，主要依据学生认知规律及生活逻辑，紧密结合学生的真实生活体验。从六年级更多关注学生学习体验与学习方法，到七年级引导学生体会共同学习的意义并掌握在群体中学习的方法，再到八年级侧重从社会责任角度切入解析学习的意义，最后立足初中毕业班的角度来重审学习意义、学习方法以及树立终身学习意识等，关于"学习"主题的设计呈螺旋式上升。

　　六年级强调学习要遵循规律、抓紧时机、掌握方法，旨在告诉学生学习正当时，让学生明白现在这个年龄段正是最能吸收与学习的好时光，要珍惜时机，把学习作为首要任务。

　　七年级侧重寻找在群体中学习的方法，引导学生通过树立共同的学习目标，提升团结协作能力，学会在集体中成长与学习。

八年级强调了个人的学习目的要与国家命运相联系,旨在激发学生为实现中国梦而努力学习、提高本领的责任意识。

九年级基于毕业班特点,突出对学习意义的再认识,引导学生树立正确的学习观,并能针对毕业考,优化自己的学习方法,帮助学生认识到学习需要通过实践来验证与强化。

二、学生的声音

学习伴随着人的一生,为什么要学习、怎样才能更好地学习、为什么要终身学习,这些是值得人们探索的终身课题。随着学生物质生活条件的不断提高、学习压力的不断增加,学生对于学习的价值以及如何避免"学"与"习"相脱节的问题会产生困惑。

学生声音一:妈妈说学习就是要多"刷题",我都快成"刷题机器"了。难道学习就只有"刷题"吗?

学生声音二:都说学习是快乐的,但我就感觉学习好辛苦好累。到底学习的乐趣在哪里呢?

学生声音三:我在学习上已经使出了"洪荒之力",但是学习成绩还是提高不了,为什么别人的好方法对我就不管用呢?

……

三、教学实践

勤学苦练、勤思巧练是自古以来推崇的良好品质、崇尚的学习态度。教材中也不乏诸多涉及"学习"的中华优秀传统文化内容。针对学生在"学习"主题时所产生的困惑与问题,教师空洞的说教无法真正解惑。融入中华优秀传统文化的思想精髓,不仅可以在领会古人智慧的过程中提升对学习丰富内涵的认知,提升对学习意义的认同,从而形成正确的学习观念,还可以通过鲜活的故事体验学习的快乐与意义,激发学习的热情和内驱力。

【案例一】

教学主题:科学的学习方法

教材链接:六年级(全一册)第一单元《成长的节拍》之"学会学习"

教学情境:为了让学生能进一步优化学习方法,感悟学习的快乐,教师设计了一系列的活动。课前,教师指导学生搜集中华优秀传统文化中关于"学习方法"的名人名言或哲学思想;学生反思个人学习经历,形成关于"学习方法"的交流与展示准备。课上,教师整理学生的学习成果,以小贴士的方式呈现,并进行了问题设计,组织全班学生共同讨论交流,每位学生都结合小贴士介绍了自己的学习心得,通过思维碰撞在同伴交流和互助中取长补短,优化并探索适合自己的学习方法。

学生总结的学习方法"小贴士":

1. 提高听课效率是关键。学习期间,听课的效率如何,决定着学习成绩的好坏。(1)要及时"温故知新",课前巩固好之前的知识,预习新的内容能提高听课的针对性。(2)听课要全神贯注。(3)课堂笔记要做好。

2. 制定适合自己的学习方法。"工欲善其事,必先利其器。"(1)进行自我分析,了解自己的性格偏好与习惯等。(2)基于未来个人规划,明确学习目标。(3)成为时间的管理者,提高学习效率,学会自主学习。

3. 学习需要坚持不懈和克服困难。正所谓"有志者,事竟成",攻克难题往往就是心理战,需要坚毅的品质。把大目标切分为小目标,每天坚持完成一个小目标,一点一滴就能实现"铁杵成针"。

4. 寻找到合适的学习伙伴。正如书上说的"独学而无友,则孤陋而寡闻",当我们觉得学习辛苦或者难以攻克难关的时候,我们可以寻找老师或者伙伴合力共同解决困难,告诉自己"我不是一个人在战斗",从而激发自己攻克难题的信心与激情。

思考:(1)以上学习方法,哪些适合你呢?(2)你有没有更好的学习方法或者更加个性的学习方法与同学们交流呢?

学生一:我觉得我在课上认真听课,做好笔记的学习方法很适合我。我觉得听课效率很重要,尤其是能及时记下老师讲的内容,所以希望我们的课堂能安静一点。

教师：有没有同学和她的学习方式不同的？有没有更好的建议？

学生二：我觉得我往往是课前都预习好，然后在课上和其他同学或老师及时交流，在讨论的时候往往能激发我产生更多的想法。

教师对学生一：你觉得他的办法更好吗？

学生一：我不觉得，即使课前预习了，我还是需要消化老师的思路，然后课后再练习巩固，才能跟其他同学交流碰撞。

教师：那你觉得你们的差异在哪里呢？

学生二：其实是学习习惯不同吧，她的性格比我内向一些，可能属于慢热型。所以说"工欲善其事，必先利其器"，先要知道自己的特点才能寻找到适合自己的"器"，做好准确的准备工作才能够发挥自己的长处，真正把事做好。所以也没有谁的一定特别好，关键看是不是适合自己的性格和习惯。

……

在升入初中后，大多数学生都有调整学习方法、提升学习效率的内在需要。六年级教材设计依据学生的生活逻辑，必然跳脱不开关于学习方法的讨论。如何反省自己的学习方法？如何借鉴学习的方法？教师需要搭建学习交流的平台。

教师设计以上活动，正是为了帮助学生在体验与碰撞中寻找出更适合自己的学习方法，同时进一步认识到学习需要持之以恒、艰苦奋斗、超越自我的精神。在活动中，在教师的引导下，学生会有意识地发现中华优秀传统文化中所蕴含的智慧能及时为自己解惑答疑，尤其是有一位学生谈到通过"独学而无友，则孤陋而寡闻"的理解进一步领悟到合作学习、共同学习也是学习的一种方法。

学生在运用中华优秀传统文化中包括"温故知新""工欲善其事，必先利其器""有志者，事竟成"等有关学习的哲学思想来反思并优化个人学习方法，并通过同伴交流和互助、分享等方式体会到了任何好的方法都需要在不断实践的过程中形成更符合自身特点和学习习惯的方案，不能生搬硬套，更不能急功近利。活动中，教师还积极引导学生在寻找志趣相投的学习共同体时体会同伴学习的快乐与意义，激发学生的情感共鸣。

【案例二】

教学主题：寻找合作小伙伴，建立学习共同体

教材链接：七年级(全一册)第三单元《在集体中成长》之"集体生活成就我"

教学情境：在本单元学习中,教师组织学生结合对古训的学习,开展以全班研讨为形式的"学习圆桌会"活动,让学生通过头脑风暴、思维碰撞,反思在学校开展的各类丰富多彩的文体活动中,自己为集体做出过哪些力所能及的贡献,在集体中能发挥哪些作用,以及可以在集体中学到什么,探索优化的方法。

【学习圆桌会】

请联系对"千人同心,则得千人之力;万人异心,则无一人之用"这句话的理解,思考:在群体中学习还有哪些方面可以提升? 你有什么好方法吗?

学生一:我在集体生活中参加了很多学校组织的活动,比如广播操比赛、学校运动会,我感觉在集体中我就要为集体争光,我也从各类活动中学习到了要团结要诚实,并且用自己的真诚交到了知心朋友。通过在集体中的学习,我感觉只有自己不断融入,不断学习他人的长处,才能变得很出色。

教师:看得出你在这个过程中收获颇丰,得到了成长。能不能具体说一下在广播操比赛中你感受到的是怎样的集体力量?

学生一:我觉得真的是应了那句"千人同心,则得千人之力;万人异心,则无一人之用"。每个人都是集体的重要一员,大家齐心协力、目标一致才能更接近目标。正是我们集体中的每个人都是一条心,才能让我们在比赛中迸发出无穷力量,得以获得成功。在这个过程中,我的内心充满自豪和幸福,这就是集体的力量。

学生二:我是一个默默无闻的学生,平时参加的集体活动不多,但是我也可以为集体出力,比如大扫除、做值日生。我在劳动中体会到了我存在的价值,并且老师也经常表扬我值日生工作做得出色,我在集体中学到了要做一个有担当的人。

教师:出力的过程也是学会负责、学会担当的过程,集体需要像你这样的成员贡献自己的力量。那么你觉得成长的过程中集体为你提供了什么?

学生二:我们的成长离不开集体,我在集体中学习他人长处,大家取长补短,共同学习,共同进步。谁有困难大家一起帮,劳动值日生大家一起做,集体荣誉大家一起维护,我深深感觉到集体的进步也是我们每个人的进步的结果。所以一个好的集体需大家共同维护,集体生活为我们搭建了成长学习的平台。

教师：你说得很好，你在集体中涵养了认真、负责的品格，你也感受到了实现个人价值的幸福感和获得感。集体为你发展个性提供了可能，同时也需要不同个性的人各司其职。

……

初中学生能感受到同辈群体和班集体对个人的影响，但依然是停留在感性与经验层面，对于如何更好地参与集体学习及自己能为建立学习共同体做些什么的认识还比较模糊。

教师通过设计学习圆桌会的活动，让学生在七嘴八舌、集体学习的形式下，深刻感悟在学校群体中学习成长的价值与快乐。学生在活动中谈到，感受到群体力量激发了自己的学习动力，在相互促进中能共同成长。在感悟之余，教师引导学生结合对古训"千人同心，则得千人之力"的解析，进一步领会了在集体中学习需要我们树立共同的目标，需要每一位成员学会担当，团结协作才能为大家实现目标、发展个性提供可能。学生在不断研讨的过程中，情不自禁地加深了对古人智慧的理解与认同，感受到在集体中学习能激发个人归属感，寻找到实现个人价值的立足点，从而体验到学习与成长的快乐。

【案例三】

教学主题：寻找学习中的兴趣

教材链接：九年级（下册）第三单元《走向未来的少年》之"学无止境"

教学情境：学生现在的学习很累很苦，但是学习却一直在进行，为什么要学习这么多的内容，到底是出于兴趣而学习，还是该在学习中寻找自己的兴趣呢？学生分组开展讨论，并且选择自己的观点开展论证，在思维碰撞的过程中，不断深化和理解学习的重要意义，逐步树立终身学习的理念。

【小小辩论赛】

学生一：我认为初三的学习生活太枯燥了，学那么多内容，其实不一定都派得上用场，就像数学，现在学的很多东西太深太难，将来也不会用，我觉得学习要学自己感兴趣的东西。

学生二：我不同意你的观点。学习是一种修行，我们学习的目的是什么？是为了成为全面发展的学生，适应时代发展的需求，为中国梦和自己的梦做好准备。这就需要我们全方位掌握基础知识，基础打牢了才能到大学选择自己擅长的主修领域。所以我觉得我们应该要努力体会学习中的乐趣,那种战胜困难后的乐趣和成就感。

学生三:我觉得成就感应该不算真正的乐趣吧。我觉得到现在就是未来学业方向选择的时机了,如果觉得实在没有兴趣了可以选择自己感兴趣的职业学校。

学生四:但是职业学校就不需要学习基础知识了吗?这不是变成逃避学习困难的借口了吗?任何研究都会遇到困难,因为挫败或者遇到瓶颈就放弃了,这样的兴趣是不会长久的。我觉得要把学习作为自己持久学习的动力。学习一定是艰苦的,等你体会到学习的乐趣和成长的快乐后,就会激发学习兴趣。

教师:我们还是回到第一位学生说的,学习到底是为了什么?是不是就是为了考上学校,就是为了找到一份工作?那是不是毕业了、退休了,就不需要学习了?

教师出示"韦编三绝"的故事。

学生五:我觉得孔子都能终其一生追求学问,别说我们现在这样一个瞬息万变的时代,学习其实本来就应该是伴随我们一生,无时无刻不需要自我提升。我想到我的爷爷奶奶其实对智能手机的学习需求都很强烈。学习其实本身就是我们获取乐趣的途径,更是我们实现价值、证明自己的重要途径。所以我们现在培养的应该是学习的能力,打好内功,将来才能一直跟得上时代的发展。

……

九年级学生已经具备一定的抽象逻辑能力,在学业压力下又出现了厌烦情绪,因此教师设计了辩论的形式来引导学生进一步领悟学习的价值及目的,激发学生对于学习的兴趣与认同。

学生的讨论很激烈,大家各有各的观点,每个人都说得头头是道。教师通过出示典故"韦编三绝"以及孔子所说的"学如不及,犹恐失之",引导学生进一步认识孔子为什么要活到老、学到老,从而进一步启发学生:学习总会遇到艰难困苦的时刻,这就需要我们在同伴的鼓励下,在自我的激励下,发挥勤奋努力、勇于超越的勇气。否则如果一遇到问题就放弃、就转换学习兴趣,那我们永远只能学到皮毛。而且当今时代发展速度之快,如果不打牢基础,不提升学习能力,不树立终身学习的理念,就很容易被社会淘汰。

通过教师的不断启发，和生生互动、师生互动，形成了良好的讨论氛围，最后大家都认为学习不仅是学习一种知识，更是学习一种方法、学习一种态度，将来会遇到很多新知识，如果没有自学能力，没有一定的学习方法和基础知识是会被时代淘汰的，而我们现在正是学习的最好时机，更应该打牢学习的基础！

四、主题活动

（一）活动主题

在劳动中学习

（二）活动背景

对于中学生来说，学习不应停留在书本上，还应当通过实践与劳动来提升生存、生活以及实践能力。在此过程中，不仅可以检验学生掌握的知识，更可以提升综合素养，还可以帮助学生提升心智上的成熟度以及责任担当意识和道德品质修为。这些在中华优秀传统文化中早有所阐释。但由于各种因素的影响，当前大多数中学生参与劳动率不高，动手实践能力和生活自理能力都亟待提高，并在学习过程中表现出与实践相脱节。

通过本次实践活动，旨在引导学生通过参与家务劳动及社区服务活动，让各年级的学生体验到在劳动中学习的快乐，提升综合实践能力。

（三）活动目标

1. 通过参与"劳动学习中的宝藏之家务篇"主题活动，初步领会中华优秀传统文化中对于家务劳动的要求，认识到做家务也是一种学习，尝试寻找生活中的科学，并通过运用学科知识来提升家务劳动和生活自理能力，提升创新解决问题的能力，同时学会感恩父母劳动的辛劳。

2. 通过每学期参加一到两次以"劳动学习中的宝藏之社区篇"为主题的社区服务活动，认识到参与社区劳动也是学习的一种形式，了解并领会中华优秀传统文化中关于社会劳动的要求，尝试通过参与社区劳动及服务工作为社区建设建言献策，感受社区工作者的辛苦，体验为社会做贡献带来的快乐感和成就感，进一步树立从小有担当的责任意识。

（四）活动准备

1. 教师设计任务单。

2. 借助社区资源、家长资源开展活动。

（五）活动内容和要求

通过劳动学习的任务单设计,明确实践活动的具体内容,指导学生完成职业体验学习体验卡,并完成一篇自己的感悟。

具体要求:

1. 了解所从事劳动学习的具体内容和工作要领,并制定要完成的相关任务。

2. 实践活动结束后,完成一份图文电子小报或者以一组摄影作品、微视频、PPT 等形式展示学习的过程和收获,开学后配上学生感想做分享和交流。

（六）活动评价

1. 评价采用过程性评价,将教师评价、自我评价、小组评价等相结合。全程关注学生的学习态度、学习能力和方法、活动的参与情况、任务单的完成和交流情况。

2. 以班级为单位开展一次实践学习交流分享活动,展示自己丰富的假期体验生活。

劳动学习中的宝藏(家务/社区篇)活动记录表

学生姓名		劳动学习时间	
所在班级		（所属小组）	
劳动学习地点		劳动学习内容	
中华优秀传统文化中关于"家务/社会劳动"的训诫		我的理解	
学习任务要求			

过程记录 （图文）		
劳动学习宝藏 （运用到的 知识和智慧）	劳动任务：	
	遇到的问题：	
	解决方法：	
活动感想 （包括自评）		
（组员评语）		
家长/社区指导 老师评语		
老师评语		

第七章

以民为本

Yi Min Wei Ben

皇祖有训，民可近不可下。民惟邦本，本固邦宁。

——《尚书·五子之歌》

人民是国家的根基，只有根基牢固，国家才能安定。在中国历史发展进程中，民生问题始终被高度重视，所谓"得民心者得天下，失民心者失天下"。"以民为本"的思想在中华传统文化中留下了璀璨的一页，成为中华文明传承的重要组成部分。

民本思想也是中国共产党一贯的执政理念，习近平总书记在其系列重要讲话中多次指出全心全意为人民服务是中国共产党的宗旨，党和人民是心手相连、同甘共苦的一家人。这表明，中国共产党在党的建设中，始终秉持"以民为本"的思想，并与时俱进、不断创新，使广大人民不仅能成为社会发展坚定的支持者和成果的共享者，更能成为中国特色社会主义伟大事业的奉献者和建设者。

"以民为本"的思想也是当代每个公民应具备的正确价值观和品格修为，特别要在青年学生中厚植"以民为本"思想，培育爱国爱民情感，树立为国为民的责任担当意识。

第一节　民惟邦本,忧乐为民

一、探源解读

　　民本思想是中华民族源远流长的优秀传统文化之精华,以爱民、重民、恤民为核心。民本思想萌芽于商、周之际,"殷鉴不远,在夏后之世"。夏、商统治的覆亡,使统治者意识到人民对于历史发展的重要性,从而形成"民惟邦本,本固邦宁"的治国思想。西周周公又提出"天视自我民视,天听自我民听"和"民之所欲,天必从之"的思想,把维护统治地位的希望从"神"转移到"民"身上,开启了民本思想的先河。

(一)　说文解字

①	②	③
金文	小篆	楷书

"民"字字形演变流程图①

　　"民"是象形字,正如金文的"民"字,象征着一把锥子刺入了一只眼睛,喻义为在奴隶制社会里,奴隶主手持利器刺瞎奴隶的一只眼睛,使其无力逃跑,强迫他们劳动。小篆的"民"字形体已经看不出锥子刺眼的形象了,后根据小篆的形体演变为楷书的写法。

---

① 左民安.细说汉字[M].北京:中信出版社,2015:233.

根据《书经·梓材》中的记录，"民"字的本义是奴隶。正如《榖梁传·成公元年》一书中所记载，"古者有四民，有士民，有商民，有农民，有工民"，"民"字后来又可引申为被统治的人。

"民"字是个部首字，凡由"民"字所组成的大多与百姓有关，如"氓"字等。① 现代汉语中，"民"字常常被组成其他词组，也大多与百姓有关，例如人们常说的人民、平民、市民、民心、民众、民族、民主、民生、国民、侨民等都为此意。

（二）沿袭与发展

"以民为本"即"民本"思想，作为中华传统文化中的重要思想，有着丰富的内容。上古时期，人们秉持朴素的"邦天下""公天下"的思想，彼此关系相对平等，领袖是推选而来的，实行的是"禅让制"，因此还未产生"民"的意识。

夏朝改变了"禅让制"，将"邦天下""公天下"转变为"家天下"，逐步出现了以祖先崇拜为核心的天命神权论，进而形成了"天人观"的世界观。统治者以此来实现长治久安，但这违背了人民群众才是真正的创造者这一事实。因此，中国传统"民本"思想早期发端于古代中国神权政治。开篇中《尚书·五子之歌》所记载的"皇祖有训，民可近不可下。民惟邦本，本固邦宁"，正是中国政治哲学中"民本"两字在已知典故中的首次出现，亦是中国传统民本思想精髓的体现。与此同时，"民惟邦本"的政治思想开始萌芽。

时至夏朝灭亡，商朝总结反思，着力探寻以为民谋福祉来维护自己的统治后，神权政治的主导地位才被"民惟邦本"的思想逐渐取代。其中《尚书》所记载的"天矜于民，民之所欲，天必从之""人无于水监，当于民监""天视自我民视，天听自我民听"都证明了当时统治者已经认识到民生福祉的重要性，形成了"敬德保民"的认知。

春秋战国时期是一个新旧更替的大变局时期，政局动荡、权力分散，诸子百家纷纷提出各自主张，使得学术思想得以"百花齐放""百家争鸣"，民本思想也随之进入新的发展阶段。春秋初期政治家季梁提出"所谓道，忠于民而信于神也"，道家主张"圣人恒无心，以百姓之心为心"，法家主张"政之所兴，在顺民心；政之所废，在逆民心"，墨家主张"兼爱""非攻"，而以孔子为代表的儒家学说则

---

① 左民安.细说汉字[M].北京：中信出版社，2015：233.

更是将民本思想进一步系统化、理论化,提倡统治者应该实施养民、富民、教民的治理之道。通过春秋战国时期各家的共同努力,民本思想已经逐渐发展为系统完备的民本理论。

战末秦初,通过商鞅变法建立了专制主义中央集权制度,标志着法家思想在彼时相对儒家思想更显优势,"尚人爱民"的儒家思想一度陷入困境,也进一步论证了儒家思想中的民本理论需要兼收并蓄、不断完善。以董仲舒为代表的儒家学派理论研究者总结经验,把儒家人文精神与阴阳家天道精神结合,基于"天人相与""君权神授"的理论,强调了天、民、王的政治地位排序,其中既赋予了君权至高无上的地位,又包含了民本思想的天权对君权的限制。

汉朝之后,中国的民本政治思想主要表现为建立了尊天爱民的祭祀礼仪制度,确保了保民安民的行政导向,以及建立了包含国家、民营、国民合资的政治经济三位一体的资本结构,建立了忠君爱民的人才选拔制度。

唐代名相魏徵向唐太宗进谏时就说过,民为天下之根本,倡导轻刑法。魏徵更以"水能载舟,亦能覆舟"劝谏唐太宗要以史为鉴、爱民如子,终成贞观之治。南宋时期民本思想的集大成者是朱熹,他凝一生心血注释"四书",在注释中反复引用"民惟邦本,本固邦宁"的古训。明朝黄宗羲的民本思想更进一步,认为君主和百姓之间不存在尊卑伦理关系,更多的是对于国家权利与义务的关系。

中国几千年一直采用君主专制制度,民本思想在各朝各代得到不断完善和发展,但人民始终是统治者的对象而不是"主人",君民的关系始终是对立统一的。民本思想只是封建专制的具有工具性质的驭民之法、治民之术。民本不是真正以民为本,不过是统治阶级为维护政权的基础,与现代意义上的民主、民权绝非一个含义。

近代,面临西方殖民主义列强的侵略,中国先进青年不断探索变革图强、救亡图存的道路,西方民主政治思想被引入中国。辛亥革命结束了我国2000多年的封建君主专制,标志着中国政治进入了民主化阶段。孙中山提出的"三民主义"体现了"民有民治民享"的民主思想,但并没有完成民主化的民本思想在中国的实践,这说明了这一思想需要进一步完善发展。直到马克思主义的引入,民主化的民本思想才得以有了新的科学理论的支撑,中国人也逐步摸索出建立人民民主专政的道路。

在中国共产党的带领下,中华人民共和国的建立、社会主义三大改造的完成以及社会主义政权的建成,标志着中国建立起了属于人民自己的国家政权,也标志着以民为本第一次具备了变为现实的可能。中国共产党始终不断吸收、借鉴传统的"民本"思想,坚持不忘初心、牢记使命,以"全心全意为人民服务"作为宗旨,在思想和行动上始终将惠民作为目标,一切工作的出发点和落脚点都以人民为中心,从宪法与制度上确保人民当家作主的地位。在此过程中,党带领中国人民进行着人民民主的实践探索,在理论和实践上丰富了科学的人民观。经过几十年的探索,党和人民在实践中所形成的中国式民主融合了马克思主义、西式民主政治以及中国传统"民本"思想,成功探索出具有中国特色的人民民主道路,完成了从"君主民本"向"以民为主"的伟大跨越,使民本思想在实践中不断与时俱进,不断创新。

(三) 教育意义

古语曰:君如舟,民如水,水能载舟,亦能覆舟。治国应以安民、得民作为根本。以民为本的思想发展至今,其价值观念与中国特色社会主义直接对接,对今天的发展具有重要意义。

1. 发展为了人民,有利于真正实现广大民众的利益

从什么人的利益出发,为什么人的利益去奋斗,以什么人的利益为标准,是利益观的核心问题。[1] 发展为了谁,是判断一个政党是否先进,一个社会是否进步的根本尺度。以民为本,在今天就是把人民放在第一位,把人民的利益放在第一位。先贤说,"乐民之乐者,民亦乐其乐;忧民之忧者,民亦忧其忧"(《孟子·梁惠王下》),发展为了人民,就是要把人民群众的切身利益放在首位。国家必须重民生、办实事,解决人民群众最关心、最现实、最直接的利益问题,满足人民群众最基本、最迫切的要求,让人民群众受益、满意,让人民群众成为真正受益的主体。

以民为本,人民是关键。人民是发展的核心,是发展的目的。人民对美好生活的向往,是党的奋斗目标。我们始终植根人民,造福人民,始终保持党同人民群众的血肉相连,始终与人民心连心、同呼吸、共命运。中国梦归根到底是人民

---

① 燕连福,王丽莎.中国共产党人民观探索的百年历程、基本经验和未来展望[J].思想战线,2021(4):12-20.

的梦,我们倾听人民的声音,回应人民的关切,使人民享有更丰富的营养、更宽敞的住房、更方便的医疗、更有效的教育、更充分的就业、更安全的环境、更广泛的自由、更繁荣的文化、更健康多样的娱乐,实现人民群众最具体、最实际的利益,实现发展的本质要求和价值体现。

2. 发展依靠人民,有利于实现人民当家作主

纵观人类文明发展史,影响历史发展和社会进步的因素很多,但起决定作用的因素是人。今天全面小康社会已经实现,党携手全体人民走在共同富裕的道路上,而这必然需要在党的领导下依靠人民来推动。

1949 年中华人民共和国成立,面对百废待兴的国内形势和复杂的国际环境,我们的主题是巩固新生政权,坚持人民民主专政,实现人民当家作主。至此,人民民主专政由理论变为现实,真正实现人民当家作主。

在经历了社会主义革命和建设时期、改革开放新时期,党和国家激发人民群众建设国家的热情,积极投身社会主义建设事业,让人民做国家的主人,在政治上建立了人民代表大会制度、多党合作和政治协商制度、民族区域自治制度、基层群众自治制度等一系列民主制度,实现了人民当家作主的制度化和规范化,解决了人民当家作主的途径和方式,真正做到了人民最关心最切实的问题由人民群众作主,由人民群众参与。在党的十八届三中全会的决定中,多处体现发展依靠人民的内容,例如:坚持以人为本,尊重人民主体地位,发挥群众首创精神,紧紧依靠人民推动改革,促进人的全面发展;以增进人民福祉为出发点和落脚点;保证人民当家作主为根本。

3. 发展成果人民共享,有利于实现社会的和谐与安定

社会主义发展的目的是实现共同富裕,只有使全体人民共享改革发展成果,在共同富裕的道路上共同前进,才能实现以民为本的价值取向,才能实现社会的和谐与稳定。

党和国家始终坚持"以人民为中心"的发展理念,把改革发展的各项成果体现在不断提高人民的生活质量和健康水平上,不断提高人民的思想道德素质和文化水平,不断保障人民在政治、经济、文化等各方面的权益。今天我们共享发展成果,追求将不同阶层、不同地区人民的利益兼顾平衡好。改革开放以来虽取得巨大成就,但是依然存在不平衡不充分的现状,只有坚持以民为本,坚持改革

成果共享的方针,才能积极主动地协调调动各方力量,鼓励先富起来的地区和人民积极创新发展,并能帮助和带动欠发达地区,调动欠发达地区人民的积极性,保障他们的基本生活,朝着共同富裕的道路前进。

二、经典品读

民本思想源远流长,在历代的施政行为中得到具体体现,其因为认识深刻、内容丰富,具有广泛的借鉴价值。

(一) 民惟邦本

人民是历史的创造者。波澜壮阔的中华民族发展史是中国人民书写的,博大精深的中华文明是中国人民创造的,历久弥新的中华民族精神是中国人民培育的,中华民族从站起来、富起来到强起来的伟大飞跃是中国人民奋斗出来的。九年级(上册)第一单元《富强与创新》之"共享发展成果"中引用了"天地之大,黎元为先",很好地诠释了中国人民在中华民族历史发展中的重要性。

【原文】

夫天地之大,黎元为本。

——《唐太宗全集·晋宣帝总论》

【释义】

天地虽然广袤无垠,但是黎民百姓才是国家的根本所在。

【追根溯源】

唐太宗李世民亲身经历了天下分崩和战乱迭起,目睹了盛极一时的隋王朝土崩瓦解。他认真总结并吸取隋朝亡国的教训,认识到民众在社会政治生活中的决定性作用。唐朝初期,百姓流亡,人口数量大量减少,土地闲置,严重影响了社会发展。唐太宗即位后,采纳了魏徵的建议,认识到君依于国,国依于民,民为水,君为舟,水能载舟,水亦能覆舟,君主如果得不到民众的拥戴,迟早将被民众遗弃。他十分注意社会安定和经济发展,以给人民带来福祉,他说:"为君之道,必须先存百姓。若损百姓以奉其身,犹割胫以啖腹,腹饱而身毙。"又说:"可爱非君,可畏非民。天子者,有道则人推而为主,无道则人弃而不用,诚可畏也。"

为此唐太宗制定和采取了一系列从民欲、顺民心、使民安乐的政策和措施,如轻徭薄赋、发展生产、改善民生、与民休息等。作为君主的他,能如此清醒而深入地理解和坚持君民关系,是对人民的疾苦有着深切的了解和体恤的。隋朝的灭亡让他深信要以民为本,他勤政爱民,治国有方,使得朝廷君臣一体,人民安居乐业,成就了后世称颂的盛世之一———贞观之治。

【学习意义】

要理解为什么民为根本,我们先要了解历史的发展。习近平总书记在党的十八届五中全会第二次全体会议上发表重要讲话,引用"天地之大,黎元为先"。他早在十三届全国人大一次会议上就发表过"人民是历史的创造者,人民是真正的英雄"的重要讲话。从中华民族上下五千年的发展史来看,中国人民是具有伟大创造精神的人民,是具有伟大奋斗精神的人民,是具有伟大团结精神的人民,是具有伟大梦想精神的人民。在悠悠的历史长河中,中国人民始终辛勤劳作、发明创造,始终革故鼎新、自强不息,始终团结一心、同舟共济,始终心怀梦想、不懈追求,涌现了许许多多闻名于世的伟大思想巨匠,发明了深刻影响人类文明进程的伟大科技成果,战胜了无数困难,捍卫了民族独立和自由,书写了可歌可泣的篇章,使中华民族屹立于世界民族之林。中国人民自古就明白,要幸福就要奋斗。有如此伟大的人民,有如此伟大的民族,有如此伟大的民族精神,是我们的底气,是我们的骄傲,是我们能风雨无阻、高歌猛进的根本力量!

今天我们走在中华民族伟大复兴的道路上,党引领全国人民朝着共同富裕的方向稳步前进,相信中国人民的创造、奋斗、团结、梦想精神会前所未有地迸发出来,推动中国创造一个又一个的奇迹!

(二)治国利民

历史上明智的统治阶级在治国理政上都把人民看成是统治的主体,这在一定程度上也体现了对民众的重视。八年级和九年级教材中多处有涉及,九年级上册教材第一单元《富强与创新》之"共享发展成果"中引用"治国有常,而利民为本"就体现了这一道理。放至今日也道出党和政府坚持以人民为中心的发展思想,强调人人参与、人人尽力、人人享有的思想。

【原文】

鲁昭公有慈母而爱之,死为之练冠,故有慈母之服。阳侯杀蓼侯而窃其夫人，故大飨废夫人之礼。先王之制，不宜则废之；末世之事，善则著之：是故礼乐未始有常也。故圣人制礼乐，而不制于礼乐。治国有常，而利民为本；政教有经，而令行为上。

——《淮南子·氾论训》

【释义】

鲁昭公对抚养自己的慈母非常敬爱，母亲去世后昭公破例为她守孝，这就有了为母亲守孝的礼节；阳陵国侯杀死了蓼侯，并抢走了他的夫人，所以从此诸侯举行大飨祭典时废除了夫人上菜的礼仪。由此看来，先王的制度，不适宜的就可以废除它；而近代的处世方法如果是好的，就可以继承发扬它。故礼乐不是一成不变的，是圣人制定，但并不是被礼乐限制的。治理国家虽然有很多常规，但根本的是让人民获利，人民便利；政令教化虽然有固定的模式，但最重要的是让政令畅通无阻。

【追根溯源】

儒家文化强调"仁"字。仁即爱人，在今天由此推导出执政者对人民群众的关切，进而也推导出在人类发展进程中建立起的人与人之间的和谐关系。

"治国有常，而利民为本"最早出自《文子·上义》："老子曰：治国有常，而利民为本；政教有道，而令行为右。苟利于民，不必法古；苟周于事，不必循俗。故圣人法与时变，礼与俗化。衣服器械，各便其用；法度制令，各因其宜。故变古未可非，而循俗未足多也。"

当年夏朝、商朝到了末世，桀纣不改变以前的陈旧法规而导致了自身的灭亡；而夏禹、商汤、周武王也不因袭旧法却兴旺发达而称王。所以法令、制度会随时势的变化而变化，礼节也会随着习俗的不同而改变。

【学习意义】

习近平总书记在亚太经合组织工商领导人峰会上的主旨演讲中引用了"治国有常，而利民为本"。总书记引用这句话充分体现了今天我们以人民为中心的发展思想和执政理念。人民对美好生活的向往，就是我们的奋斗目标。随着社会发展，中国特色社会主义进入新时代，我国主要矛盾转化为人民日益增长的美好生活需要和不平衡不充分的发展之间的矛盾。党始终把人民群众的民生问题放在首位,把人民群众的利益放在首位,让改革发展成果更多、更公平惠及全体人民,朝着实现全体人民共同富裕不断迈进。以人民为中心不是口号,而是实实在在地坚守着,体现在经济社会发展的方方面面。今天我们面临世界发展前所未有之大变局,无论如何变化,以人民为中心的原则是党带领全体人民治理国家不变的法则,这是符合中华民族一脉相承的治国思想和优良传统。

(三) 忧乐为民

孟子有言:"乐民之乐者,民亦乐其乐;忧民之忧者,民亦忧其忧。"九年级(上册)第三单元《文明与家园》之"美德万年长"中提到相隔千年的孟子和范仲淹两者的忧乐观。相隔千年的两位政治家有着同样的忧乐观,那是中华传统文化代代相传的忧乐思想。它延绵已久,从孟子到范仲淹千年赓续,今天中国共产党努力践行忧乐精神,坚守为民初心。

【原文】

乐民之乐者,民亦乐其乐;忧民之忧者,民亦忧其忧。乐以天下,忧以天下,然而不王者,未之有也。

——《孟子·梁惠王下》

【释义】

统治者如果乐于做民众喜爱的事情,民众也会与统治者同乐;统治者担忧民众担忧的事情,民众也会为统治者分忧。以天下的快乐为快乐,以天下的忧愁为忧愁,这样还不能够使天下归服,是从来不曾有过的。

【追根溯源】

"乐民之乐者,民亦乐其乐;忧民之忧者,民亦忧其忧"是孟子民本思想的重要观点。孟子生活在战国中期,各国之间战争不断,形成了"国无宁日,岁无宁日""邦无定交,士无定主"的混乱局面,民众不断减少,使不少统治者认识到了民众数量不足给国家带来的问题。但是战争依然持续不断,于是蓄养民力、关爱民众生命成了统治者和思想家们关注的问题。孟子总结历代王朝的兴废存亡,通过考察现实针对民众的地位和作用提出自己的见解。他认为"桀纣之失天下也,失其民也;失其民者,失其心也。得天下有道:得其民,斯得天下矣。得其民有道:得其心,斯得民矣。得其心有道:所欲与之聚之,所恶勿施,尔也。民之归仁也，犹水之就下、兽之走圹也"。(《孟子·离娄上》)即得天下的根本在于得其民，因为"乐民之乐者，民亦乐其乐；忧民之忧者，民亦忧其忧。乐以天下，忧以天下，然而不王者，未之有也"。孟子在此基础上更提出了"民为贵，社稷次之，君为轻"(《孟子·尽心下》)的主张，充分肯定了民众在国家和社会发展中的地位和作用。由此可以看出孟子的民本思想给了今天的民主思想很多启示。

【学习意义】

在孟子的民本思想中，我们可以看到民心向背在国家兴衰、政权更迭过程中起着举足轻重的作用，这与唯物史观中人民群众是历史的创造者非常相似。勤劳勇敢的中国人民是中华民族生生不息、发展壮大的脊梁，是决定党和国家前途命运的根本力量。人民是国家的主人，急人民所急，想人民所想，在面对人民群众对美好生活"需求清单"日益拉长，尤其在向教育、就业、医疗、住房等领域不断扩容时，唯有解决好影响人民群众幸福的具体问题，才能增进人民的幸福感和获得感。改革开放后我国经济获得快速发展，但发展过程中仍然存在不平衡、不充分现象，只有真正解决人民群众最现实、最实际的问题，才能保障人民群众的切身利益，才能实现国富民强、社会和谐稳定。人民群众是党的领导、国家发展的基础，只有维护广大人民群众的切身利益，才能赢得人民群众的支持与认同，才能推动社会的可持续发展。为此，党和国家出台了一系列民生政策，保障广大人民群众的民生问题，让他们真正享有改革开放的发展成果，真正感受国家为民，感受社会主义的优越性。

第二节　人民至上,民生为本

"以民为本"思想以人民的切身利益作为党与国家的价值主体,更好地推动国家与社会的科学发展,实现发展为了人民、发展依靠人民、发展成果由人民共享。统编教材初中阶段均涉及"以民为本"内容,从党和国家的执政理念到我国宪法和国家政体制度,从"国家建设"层面到"民生保障"角度,"以民为本"的思想深入展现。

一、课程内容梳理

初中统编教材《道德与法治》中关于"以民为本"的思想主要分布于八、九年级。八年级主要从宪法和政体角度,呈现"以民为本"思想在国家政治制度和法律制度上的广泛体现;九年级主要从国情和实际生活中,呈现"以民为本"的理念。

八年级教材主要从宪法和现阶段我国的政治制度、国家机构等方面来阐述"以民为本"的思想。教材中提到我国宪法的基本原则就是国家的一切权力属于人民,国家权力始终用来为人民谋利益,并从我国的根本政治制度和国家权力机构职能上都充分体现了这一基本原则,使学生感知"以民为本"思想在当今国家治理中真切的体现和落实。

九年级教材主要从现阶段国情和奋斗目标等角度来阐述党和国家始终把"以民为本"作为执政理念,始终坚持人民至上的价值取向。同时结合学生实际生活,阐述发展为了人民、发展依靠人民、发展成果由人民共享的核心理念,明确人民是国家的主人,不仅要让人民共享成果,还需紧紧依靠人民共同建设。

二、学生的声音

"以民为本"这个话题似乎离学生有点远。初中学生虽有一定的生活经验和认知水平,在他们的实际生活中,也能对国家发展中贯彻"以民为本"理念有一定的感知和感悟,但由于年龄特征、认知维度和思维的局限性,他们的视角还比较偏狭,在理解"民本"思想的内涵及意义上会存在一些真实的困惑、矛盾与不解,同时也存在着一些个人主义、利己主义思想。

学生声音一:国家倡导"以民为本"的执政思想,为什么还有那么多"入学难、就医难、求职难、买房难"等民生问题?

学生声音二:都说我们是国家的"小主人",可怎么来发挥"小主人"的作用呢?

学生声音三:"以民为本"的思想与我们中学生有什么关系,这不应该是政府、大人们的事情吗?

······

三、教学实践

为更好落实"以民为本"的思想理念,党和政府在国家发展中不断推进民生发展的实事与举措,极大地提高了人民的整体生活水平。我们要引导青年学生更多地关注社会、关注生活,从身边发生的点点滴滴的变化中看到我们国家社会的发展,感悟到更多个人的获得感、幸福感,从而理解"以民为本"思想的内涵及其价值。在具体教学活动中,为激发学生的思维,培养学生关心身边事,关心国家事,喜欢上思政课,教学形式和策略方法是重要一环。由学生讲时政新闻是学生喜欢的环节,学生有参与性、互动性、真实性,让学生有话可说,有事可讲,有理可辩。

【案例一】

教学主题:讲时政新闻,谈改善民生

教材链接:九年级(上册)第一单元《富强与创新》

教学情境:此活动贯穿于九年级(上册)第一单元的教学过程,是为了使学生更加关注民生发展,理解以民为本的真实体现,尝试让学生结合实际生活,从身边找找改善民生的实例,通过自己的发现和新闻交流,告诉同学真实的感受,引发学生对政府改善民生举措的理解。教师可以利用课前5分钟时间,由学生小组合作三言两语讲时政新闻。学生可从教育、就医、住房、城市建设等方面搜集相关资料,结合课堂教学的进度和内容讲自己有感受的新闻。这一活动是持续开展的,以下是某一次活动情况。

学生甲:教育作为公共资源,国家提倡教育资源均衡。现在我们学校成为集团成员,集团化办学是政府推进优质教育资源公平化的重要举措,目的是办好家门口的好学校。

学生乙:我家小区之前每天居委干部和志愿者都在小区门口宣传疫情防控、打疫苗,而疫苗都是免费接种的,说明我们国家党和政府高度重视疫情防控,高度重视人民的生命健康。

学生讨论:结合上面两位同学的发言谈谈感受。

(1) 集团办化办学对学生上学而言其意义是什么?

(2) 控制疫情是保护人民的生命安全,我们国家为什么能上下一心控制好疫情?

结合第一单元的教学开展"讲时政新闻,谈改善民生",可以让学生课前跟家长充分交流,培养学生从生活小事着眼,设计的问题都是引导学生观察身边发生的点点滴滴,贴近学生生活、贴近学生实际。集团化办学,对于学生而言就是自己身边发生的事情,自己参与其中,也是受益者之一。集团化办学就是依靠学校优势在教学管理、学生活动、特色创建、师资互研等方面向成员辐射。学生本人可以切身感受到自己处于这样的办学环境中,参与了其中的各种活动,得到多方面的发展,也能感受政府对教育资源均衡化的具体推进,是对民生问题的关注,对百姓生活的关心。问题二能引导学生更好地理解教材中涉及的"先天下之忧而忧,后天下之乐而乐"的思想,理解党和政府一心为大众谋福祉的全心全意为人民服务的宗旨。通过生动的学习活动,把道德与法治课的学科价值发挥出来,把理论和实际相结合,培养了学生观察社会、体察民情的社会实践能力,用亲身体会和感受来印证教材学习的正确性和可信性,坚信党的领导和对社会主义民主制度的拥护。

【案例二】

教学主题:国家尊重和保障人权

教材链接:八年级(下册)第一单元《坚持宪法至上》之"党的主张和人民意志的统一"

教学情境:尊重和保障人权是我国宪法的原则,它体现了"人民当家作主"的社会主义民主政治的本质特征,体现了人民至上的价值取向。此环节针对这一教学内容,为了使学生更好地理解人权的实质、我国人权的主体和内容的广泛性,选用视频情境、设计问题讨论等展开学习。

片段一:观看视频《什么是精准扶贫?》,介绍我国四川、贵州等地脱贫工作。

小组讨论:

(1) 国家在扶贫方面做了哪些具体工作?

(2) 为什么要花大力气致力于扶贫工作?

(3) 扶贫工作的更大意义在于什么?

展示习近平总书记在党的十八届五中全会第二次全体会议上的讲话片段,强调了全面小康要着力保障基本民生的理念。

片段二:畅所欲言。让学生说说自己感受到的国家改善公民生存与发展状况的实例,体悟国家在保障民生方面的努力和成就。

学生甲:我们现在学生营养午餐费由国家贴补了每人1.5元,提高了伙食的质量,有利于我们更加健康地成长。作为学生,我们目前还没有为国家创造财富,就享受到了国家的福利,我们感到非常温暖和幸福。

学生乙:我爷爷70多岁了,退休好多年了,收入较低,但他现在乘坐公交可以使用老年卡,卡里每年由国家给他充值交通补贴费,我觉得这是一项关心老年人生活的好举措。

生存权和健康权是最基本的人权。生动翔实的扶贫视频资料使学生感性地了解党和政府在扶贫帮困、改善民生方面的实事举措,明白贫困是保障人权的最大障碍,进而认同我国在尊重和保障人权方面的努力和取得的成效。对于大多数学生来讲,人权概念接触得比较少,所以需要把这个概念和生活贴近,选用学生熟悉的"脱贫"事例,通过创设递进式问题,帮助学生理解人权的实质是什么、我国人权的主体是谁。同时,学生通过身边的实例交流,使他们对我国人权主体和内容的广泛性有了进一步认识,最终引导他们深入理解尊重和保障人权是我国宪法的原则。

【案例三】

教学主题:自信的中国人

教材链接:九年级(上册)第四单元《和谐与梦想》之"共圆中国梦"

教学情境:此环节是本课时"共圆中国梦"的教学落脚点。围绕如何让学生将实现中国梦由国家层面的行动过渡到个人层面、树立共建中国梦的意识和行动,设计了探究活动展开学习。

学习九年级(上册)第四单元中的"探究与分享"活动:"企业家、文学家、港口维修工"。

小组讨论:(1) 你感受到他们身上有什么共同的特点?

(2) 为什么他们都会拥有如此的自信?

(3) 结合教材中"天下兴亡,匹夫有责"这句话,说说实现中国梦和我们中学生有何关系,并阐述理由。

实现中国梦必须凝聚中国力量,中国梦必须牢牢依靠人民来实现。对于青年学生,如何让他们感受到自己是国家的"小主人",并发挥出主人翁的积极作用,通过此探究活动,设置层层递进的三个问题,引导学生通过分析三位人物,去感受他们作为国家建设者的自豪感与自信心,帮助学生理解自信的来源。最后,联系教材中"天下兴亡,匹夫有责"这句话,引导学生深度思考自己与国家发展的关系,在交流互鉴中逐步树立个人努力与国家发展的紧密关系,同时帮助学生认识到自己也能力所能及地贡献一分力量,培养从小为国为民做贡献的自觉意识和行动。

四、主题活动

(一) 活动主题

小康社会我感受

(二) 活动背景

九年级(上册)第四单元的教学主题是"和谐与梦想"。九年级学生正处于由形象思维向抽象思维过渡的阶段,对国家和社会发展有认识、有感知,对未来社会发展有感性的憧憬和梦想,但同时,他们的辩证思维能力还比较弱,还不能全面地、深刻地理解国家发展取得的成效及实施的政策方针背后所体现的一脉相承的执政理念——"以民为本"思想。此外,中学生有自己美好的梦想,但对国家和社会发展思考不多,需要引导他们将个人梦想与国家梦想有机结合,要有国家利益、人民利益至上的观念,明白自己身上所肩负的责任与使命。要解决这些问题,光靠书本知识的学习是不够的,更要在实践中去体验和感悟,在真实情景中进行分析、比较、判断和提高。

(三) 活动目标

1. 开展社会实践活动,搜集资料"小康社会的重要指标",知道中国社会已经达到小康社会的水平;同时,结合实际生活去发现改革开放40多年来国家取得的诸多成效,感受党和政府"以民为本"的发展理念,逐步树立为实现中华民族伟大复兴贡献力量的决心和责任心。

2. 通过小组合作,将日常生活中搜集的资料制作成报告,通过小组成果展示宣传和传递我们实现了小康社会及国家发展中"以民为本"的思想理念,进而引导学生践行中华优秀传统文化中"以民为本"的思想。

3. 在参与实践活动过程中培养学生的各种能力,包括合作交流、信息搜集整理、多媒体技术运用、语言组织与表达等。

(四) 活动内容和要求

1. 把班级学生分成五组,通过学生自主商议确定五个专题。分别是:

(1) 什么是小康?(探寻历史中关于小康的记载)

(2) 当代小康社会的标准是什么?

(3) 建设小康社会的意义是什么?

(4) 你看见的或感受到的小康社会是怎样的?

(5) 我国的小康社会还有哪些地方可以进一步完善?

2. 提出实践活动的具体要求:

(1) 分组搜集资料:对标查询我们小康社会达标情况,如"衣":全国棉纱、棉布产量;"食":全国油、肉产量;"行":全国高铁、公路里程;"住":全国城市和农村住房人均面积;"人均预期寿命""人均病床数""人均可支配收入""家庭电器种类和数量""家庭拥有汽车数量""人口受高等教育数""出生率存活率""刑事犯罪率""识字率"……

（2）完成调查报告、制作 PPT、准备讲演稿,进行课堂分享。

"小康社会我感受"活动任务单

以下内容由组长填写					
班级		组员		组长	
活动专题					
活动形式				时间	
活动目的					
活动过程					

活动成果:PPT（　　　）、电子小报（　　　）、演讲稿（　　　）、其他（　　　　）

调查报告

（五）活动评价

1. 评价内容为任务单的完成情况和课堂展示情况。

2. 对完成后的活动任务单采用小组自评、其他组互评、教师评价相结合的方式。具体评价表和评分要求如下:

活动评价表

活动评价	小组自评	☆ ☆ ☆ ☆ ☆
	其他组互评	☆ ☆ ☆ ☆ ☆
	教师评价	☆ ☆ ☆ ☆ ☆

说明:满分 100 分。100 分为 5 颗星,80—99 分为 4 颗星,60—79 分为 3 颗星,40—59 分为 2 颗星,39 分及以下为 1 颗星。

活动评分要求

评分内容	评分要求	得分
报告 50 分	围绕本次实践活动目标,突出主题任务,资料翔实、真实有效;报告观点明确,文字表述精准,有逻辑性,字数不少于 800 字	
PPT 30 分	围绕报告内容,图文并茂;布局合理、美观、有特色;播放顺畅	
课堂展示 20 分	语言表达精练,口齿清晰、声音响亮,语速适当、自然流畅,台风形象佳	

第八章

以法为纲

Yi Fa Wei Gang

立善法于天下,则天下治;立善法于一国,则一国治。

——《王安石文集·周公》

国之兴衰系于制,民之安乐皆由治。法律是最刚性的社会规则,法治是人类社会进入现代文明的主要标志。法治能够为人们提供良好的生活秩序,有利于维护广大人民群众的切身利益,构建社会的和谐与安宁,确保国家的长治久安。全面推进依法治国是坚持和发展中国特色社会主义的本质要求和重要保障,是实现国家治理体系和治理能力现代化的必然要求。

全面推进依法治国离不开中华优秀传统法律文化的指引。从夏商两代中国传统法律的产生到清代法律制度的发展变革,再到中华人民共和国第一部宪法诞生,传统法治思想深刻影响了我国现代法治进程。纵观历史,我国古代法制蕴含着十分丰富的智慧和资源,推动了中华优秀法律文化的创造性转化和创新性发展。党的十八大以来,以习近平同志为核心的党中央在推进全面依法治国的进程中,形成了习近平法治思想。在依法治国的今天,让青少年学习中华传统文化中的法治思想,既能传承和弘扬中华优秀传统文化,激发学生的文化自信和文化自觉,又能培养学生的法治观念,树立法治信仰,促进法治教育向纵深发展。

第一节　法之必行,崇法善治

一、探源解读

　　法的渊源是指法的源泉、来源、源头。也有学者认为法的渊源指的是法律论证过程中对司法裁判具有法律拘束力之规范基础(裁判依据)的来源。[1] 我们知道法并不是随着人类的产生而产生,在最初的文明之前,没有法律的概念。法律是在国家成立后由当权者制定的条文,但在成文法出现前,其实已经有了用来规范人们行为的"法"。从部落时代到文明时代,人口暴增,但社会的进步速度却赶不上人口增长的速度,于是资源出现了短缺,所以最初的"法"是人们用来分配资源的一种不成文规定。这些规定制定的标准是集体利益,而集体利益的标准就是道德。因此,法律的起源是道德,这是法的非正式渊源。

　　法的正式渊源最早产生于原始社会的后期,氏族战争与法的起源有着极为密切的关系。我国自古以来就有"兵刑同一"和"刑始于兵"的说法。兵刑同一,是说两者在本质上相同;所谓刑始于兵,则是说法律起源于远古的氏族战争。[2] 战争是一种集体行为,为了取得胜利,不仅需要有严明的纪律,而且要制定严格的法律来约束每一个成员的行为。因此,制定刑罚或者刑法来规范战争行为成为形势所需。《吕氏春秋》等古籍关于尧舜时有"皋陶作刑"的明确记载就充分证实了这一事实。[3]

---

①　雷磊.法的渊源理论:视角、性质与任务[J].清华法学,2021(4):23-39.
②　杨师群.中华法系"刑法"主体形成原因辨析[J].探索与争鸣,2010(6):28-30.
③　徐忠明.皋陶与"法"考论[J].政法学刊,1995(1):49-51.

（一）说文解字

"法"字字形演变流程图①

西周青铜器铭文中有"法"字最原始的字形,西周金文中也有对"法"字的记载。"灋"是"法"在古代的写法,由 氵、廌、去三部分组成。东汉时期许慎在《说文解字》中对"法"字解释为:"刑也。平之如水,从水。廌,所以触不直者,去之。从去。""氵"表示平之如水,象征公平公正。"廌"是中国古代传说中的神兽,据传它能辨别曲直,协助断案,也就是神判。"去"指"廌"断案后将认定为恶或者不公正的东西"祛除"。"法"本义是法律、法令,它的含义古今变化不大。在古代有时特指刑法,后来由"法律"引申出"标准""方法"等义。

《四库全书》中对"法"的解释主要如下:

（1）刑法。《尚书·吕刑》:"惟作五虐之刑曰法。"亦泛指法律、法令。《史记·高祖本纪》:"父与老约,法三章耳。"

（2）典章制度。《孟子·离娄上》:"遵先王之法而过者,未之有也。"

（3）准则,规范。《盐铁论·相刺》:"用则为世法。"

（4）方法。《文心雕龙·附会》:"驭文之法,有似于此。"

（二）沿袭与发展

深受五千年悠久文明的滋养和熏陶,中华法系在世界法律史上独树一帜。其中蕴含着深厚的法律文化和法律思想,彰显了中华优秀传统法律文化的智慧。

公元前21世纪,我国产生了奴隶制的习惯法,殷商在此基础上继续发展,直至西周奴隶制法律制度逐渐完善,为中国封建制度的形成奠定了基础。

春秋战国时期我国开始制定成文法,出现了自成体系的成文法典。与此同时,法治思想也随之发展,其中蕴含着众多值得借鉴之处,是极为宝贵的精神财

---

① 许慎.说文解字[M].长春:吉林美术出版社,2015:65.

富。春秋战国时期法治思想百家争鸣,其中比较典型的是儒、道、墨、法等,而法家的思想最具代表性。法家代表人物管子认为:"法者,天下之至道也。"商鞅是这一时期著名代表人物,他推崇用法律来治理国家。他指出:"夫不待法令绳墨而无不正者,千万之一也。故圣人以千万治天下。"他认为法律是治理国家的根本法宝,特别注重法律在国家治理中的重要性。法家思想的集大成者韩非子认为,国家只有真正实施法治,才能繁荣富强。这三者分别是法家前期、中期和后期的代表人物之一,商鞅、韩非子等对法治思想进一步完善和实践,促使法治理论向系统化前进了一大步。

秦国采用严刑峻法对其社会发展产生了深远的影响,但物极必反,严酷的刑法如族诛、连坐等,不仅伤害了老百姓,也造成了滥刑滥罚。

先秦荀子的法治思想强调礼法统一,是中国封建正统法治思想的雏形。汉代董仲舒在法律方面提出"大德而小刑",主张"德教"为主,"刑法"为辅,礼法并用。

唐朝形成了我国较为完备的封建法典,《唐律疏议》是其中代表之作,它以儒家礼教纲常为主导思想,主张以礼制法、德主刑辅,为以后历代封建王朝所传承和发展。

明朝吸取元朝灭亡的教训,提出了"明刑弼教"和"重典治国"的立法思想,强调"重典治吏",主张用严刑峻法治理国家。明朝的《大明律》是承前启后的一部法典,它既吸取了前面法典的精华又有创新之处,特别是编纂体例的突破,影响了清代乃至近现代中国的法典编纂。

《大清律例》是清代最系统、最具代表性的成文法典。经历了西方列强的入侵,当时的改良派主张学习西方的法律制度架构。

民国时期尽管各方人士积极寻求变法来救国兴邦,但西方的民主法律制度无法适应中国的具体国情,最终以失败告终。

1954年中国第一部社会主义《宪法》诞生,初步奠定了中国法治建设的基础。党的十一届三中全会公报明确提出要加强社会主义法制,使民主制度化、法律化。党的十五大正式提出要实现依法治国,建设社会主义法治国家。从"法制"到"法治",虽然仅有一字之差,却折射出党和国家以人为本的法治教育理念,彰显治理能力的提升。我国现行《宪法》是1982年制定的,历经五次修订。

1999 年"依法治国"写入《宪法》。2004 年《宪法修正案》中将"依法治国,建设社会主义法治国家"正式写入。党的十八届四中全会提出了全面推进依法治国。党的十九大将法治建设纳入中国特色社会主义总体布局和战略布局,构建中国特色社会主义法治理论、丰富中国特色社会主义法治文化、坚定中国特色社会主义法治道路。2018 年《中华人民共和国宪法修正案》将序言中的"健全社会主义法制"修改为"健全社会主义法治"。2020 年 11 月,中央全面依法治国工作会议将习近平法治思想明确为全面依法治国的指导思想。这些法治进程既是对中国传统法治文化的继承和弘扬,又体现了国家治理体系的不断完善和治理能力的不断提升。

(三) 教育意义

法治是社会主义核心价值观的重要内容。生活在法治国家,公民的合法权利、社会的和谐与稳定得以保障,公平正义得以维护。随着社会的发展,公民的法律意识和法治观念也在不断增强。国家历来重视公民的法治教育,特别是未成年人的法治教育,将法治教育纳入国民教育体系。2016 年教育部将义务教育小学和初中起始年级《品德与生活》《思想品德》教材名称统一更改为《道德与法治》,这是"法治"二字首次出现在义务教育阶段的课程名称中,体现了党和国家对青少年法治教育的高度重视。

今天学习中华传统法治思想,有利于公民树立法治观念,养成自觉守法、遇事找法、解决问题靠法的思维习惯和行为方式,从而树立法治信仰,促进自身健康成长、全面发展,从而推动国家法治建设。

1. 建立良法

《中共中央关于全面推进依法治国若干重大问题的决定》中指出,法律是治国之重器,良法是善治之前提。现代法治的核心内涵是良法,也是任何国家在法治建设进程中必须遵循的基本准则。国家治理要靠法治来建设,人民的权益要靠法律来维护,社会的风气要靠法律来引导。

法治要求实行良法之治。那么什么是良法呢?良法应当反映最广大人民群众的意志和利益,反映社会的发展规律,程序正当,符合公平正义要求,维护个人的基本权利,促进人与社会的共同发展,最大限度地维护社会秩序、增进人民福祉。

2. 厉行法治

从春秋"以法治国"到现代我国的"依法治国",都希望运用"法"的思想对国家和社会进行治理,以实现国家富强及社会和谐。但是有法律制度不等于有法治,法治要求实行善治。

善治建立在民主政治基础上,通过赋予公民更多的参与公共活动的机会和权利,实现公共利益的最大化。也就是善治必须符合人民利益,同样治理国家要以人民为中心,以人民的需求为出发点,全心全意为人民服务,以人民的满意为目标。这需要发挥民主的力量,通过民主选举、民主监督、民主决策、民主管理等民主方式让老百姓也能参与到国家的治理中来,这样充分体现了民意。善治还要求深入推进依法行政,加快建设法治政府。善治要求保证公正司法,提高司法公信力,加强法治工作队伍建设,如此才能实现国家长治久安。

大国治理,机杼万端,唯法为治。法治强调法律至上,是指依法对国家和社会事务进行治理,要求任何组织和个人都要服从法律,遵守法律,依法办事。"我国今天的国家治理体系,是在我国历史传承、文化传统、经济社会发展的基础上长期发展、渐进改进、内生性演化的结果。"一个国家的治理体系和治理能力与这个国家的历史传承和文化传统密切相关。因此中华优秀传统文化对今天厉行法治有重要借鉴意义。

一是有利于全民守法。厉行法治有利于公民从内心油然而生对法律的敬畏,对规则的遵守和对法治的崇尚,从而外化于行,自觉遵守法律。

二是有利于改善法治环境。中华传统文化中蕴含着的治国理政、礼法结合、崇德重礼等为厉行法治提供文化营养。不论是中华传统法治文化,还是其他中华优秀传统文化都是良好法治环境创设的精神力量。

三是有利于国家长治久安。"法治兴则国家兴,法治衰则国家乱。"历史一再证明,我国凡是重视法治的朝代就会国泰民安,而忽视法治的朝代极易引发国乱民怨。文景之治、康乾盛世等都与当时厉行法治息息相关。可见,厉行法治是治国理政不可或缺的重要手段。全面推进依法治国事关我们党执政兴国,事关人民幸福安康,事关党和国家长治久安。党的十八大报告中提出"科学立法、严格执法、公正司法、全民守法"新十六字方针,从此我国社会主义法治建设进入了新阶段。目前,中国特色社会主义法律体系已经初步形成,但是依法治国仍任重而道远。我国的目标是到 2035 年法治国家、法治社会、法治政府基本建成,到 2050 年把法治社会建设到更高的水平。

3. 制度自信

经过几千年的发展,我国古代法制中积淀着深厚的文化价值和独特优势,不仅体现了从"人治"向"法治"的转变,更体现了传承与创新,是社会文明进步的标志。挖掘、传承和弘扬中华优秀传统法律文化对今天建设社会主义法治国家具有重要意义。

其一,法律体系的建构不断完善。从第一部比较系统的成文法典《法经》到《唐律疏议》,再到《大明律》,我国法律体系的建构一直在不断完善中,其中不乏诸多亮点。这不仅反映了古人的立法智慧,也体现了中华法系的特点。今天进入新时代,随着经济社会的发展,诸多法律呼之欲出,我们可以从古代法制中汲取智慧,建立和健全各类法律法规,提高立法质量,为建设法治国家、法治政府和法治社会奠定坚实的基础。

其二,根植于本国国情。中国古代法制根植于中国土壤,体现了时代特色。我国主张根据国家发展情况、百姓民俗、政治制度等来立法,不会盲目借鉴其他国家或地区的立法思想等,即便在寻求人民解放、民族独立、国家富强的过程中,也一直在探索符合本国国情的法治道路。正如朱苏力教授所说:"在中国,要实施法治,就要注重中国传统法治文化和实际的现状,切实地利用好中国本土的资源。"[①]中华优秀传统文化是中国实行法治的土壤,依法治国不能盲目照搬西方的模式,必须契合中国特有的国情和文化。

其三,创造性转化和创新性发展。中华优秀传统文化中蕴含着丰富的精神内涵和重要的价值观念,如规则意识、秩序意识、契约精神等,对今天依法治国有着深远影响。我国的法治建设需要吸收、借鉴传统法治文化的智慧和精髓,我们应该对中华优秀传统文化中的法治思想进行创造性转化和创新性发展,立足于本国国情,从古代法制文明中寻找天然养分,坚持以民为本、立法为民,贯彻社会主义核心价值观,制定符合我国国情并体现中国特色的法律,全面推进依法治国。

---

① 苏力.法治及其本土资源[M].北京:中国政法大学出版社,2004:12.

二、经典品读

（一）良法之治

法律是治国之重器,依法治国离不开良法。九年级(上册)第二单元《民主与法治》之"选择法治道路"中引用了商鞅的思想言论,强调法律是治国的根本。

【原文】

法令者,民之命也,为治之本也,所以备民也。为治而去法令,犹欲无饥而去食也,欲无寒而去衣也,欲东而西行也,其不几亦明矣。

——《商君书·定分》

【释义】

法律条例是广大老百姓的生命,是君主治理国家的根本,也是为了防止社会发生混乱。如果君主为了治理国家抛弃法律条例,就好比希望不挨饿而扔掉粮食,希望不挨冻却脱掉衣服,想往东边走却往西边行,两者相去甚远。

【追根溯源】

战国初期,秦国局势动荡,社会经济发展落后于其他六国。商鞅在魏国专门研究以法治国,他学成后带《法经》去秦国,通过变法在秦国确立了法治思想,以上引文就是其中之一。这些思想对当时的社会进步和发展起到推动作用,为秦统一六国奠定了坚实的基础。商鞅也因此成为历史上当之无愧的"法治"开创者,而商鞅变法是战国时期最彻底的一次变法。

【学习意义】

要使青少年自觉遵守社会主义法治、坚定捍卫和高度崇尚社会主义法治,需要对法治有正确的认识,而以上中华优秀传统文化中的法治思想是良好的契合点。公民理解并认同良法之治,因为良法能反映最广大人民群众的意志和利益,反映社会的发展规律,程序正当,符合公平正义要求,维护个人的基本权利,促进人与社会的共同发展,最大限度地维护社会秩序,增进人民福祉。当青少年懂得并认同法律是最刚性的社会规则,是全体社会成员都要共同遵守的行为规范和行动指南,是整个社会得以良好运行的最基本的规矩时,他们才能积淀坚实的法律基础,才能自觉地遵守法律,才能树立法治信仰,从而形成正确的世界观、人生观、价值观。

九年级(上册)第二单元《民主与法治》之"厉行法治"中引用了战国时期慎到的哲学著作中的言论,强调法治思想要深入人心,让老百姓乐于接受。

【原文】

法,非从天下,非从地出,发于人间,合乎人心而已。治水者,茨防决塞,九州四海,相似如一。学之于水,不学之于禹也。

——《慎子》

【释义】

法并不是从天而降,也不是从地下冒出来,而是来自人间社会,顺应民意,合乎人心。治理河水时运用疏导与堵塞的方法,无论在哪个地方都适用,道理都是相通的。因此要根据河流的情况学习治水,而不是根据帝禹学习治水。

【追根溯源】

慎到,战国时期赵国人,是百家争鸣时期法家著名的代表人物。最早他师从道家,后来又成为法家一员。他长期在齐国学术研究场所讲学,以上引文就是其法治思想之一。齐宣王统治时期他被任命为大夫,受到大家的尊敬。虽然法家主张重刑,但终极目标是天下太平,因此主张立良法,体现老百姓的意志和利益,得到老百姓的拥护;禁止滥杀无辜,主张罪刑法定原则。

【学习意义】

依法治国离不开法律,但法律条文的背后应保障人民的利益。今天法律的制定和修改从根本上说都是为了调节和解决现实生活中群众的各种矛盾和问题。当前中国特色社会主义进入了新时代,我国社会主要矛盾已经转化为人民日益增长的美好生活需要和不平衡不充分的发展之间的矛盾。人民对美好生活的需要不仅体现在物质生活上,还体现在对法治、公平正义、环境、文化等方面都有更高维度、更多样化的要求。今天推进全面依法治国的根本目的是依法保障人民权益,人民是全面依法治国的出发点和落脚点。通过对中华优秀传统法治思想的解读,能更深刻地了解我国自古以来法治思想以人民为中心的一脉相承。

（二）厉行法治

法治是国家长治久安和繁荣发展的重要保障。七年级（全一册）第四单元《走进法治天地》之"法治的脚步"中引用了韩非子的言论，认为法律是治理国家必不可少的治理工具。

【原文】

国无常强，无常弱。奉法者强则国强，奉法者弱则国弱。荆庄王并国二十六，开地三千里；庄王之泯社稷也，而荆以亡。齐桓公并国三十，启地三千里；桓公之泯社稷也，而齐以亡。燕襄王以河为境，以蓟为国，袭涿、方城，残齐，平中山，有燕者重，无燕者轻；襄王之泯社稷也，而燕以亡。魏安釐王攻燕救赵，取地河东，攻尽陶、魏之地；加兵于齐，私平陆之都；攻韩拔管，胜于淇下；睢阳之事，荆军老而走；蔡、召陵之事，荆军破；兵四布于天下，威行于冠带之国；安釐王死而魏以亡。故有荆庄、齐桓，则荆、齐可以霸；有燕襄、魏安釐，则燕、魏可以强。今皆亡国者，其群臣官吏皆务所以乱而不务所以治也。其国乱弱矣，又皆释国法而私其外，则是负薪而救火也，乱弱甚矣！

——《韩非子·有度》

【释义】

国家不会永远富强，也不会长久贫弱。执法者严格执行，国家就会富强；执法者执行不力，国家就会贫弱。楚庄王吞并二十六个国家，开辟疆土三千里；庄王死后，楚国也就衰弱了。齐桓公吞并三十个国家，开土拓疆三千里；桓公死后，齐国也就衰弱了。燕昭王把黄河作为国界，把蓟城作为国都，外围有涿和方城，攻破齐国，平定中山，有燕国支持的就被人重视，无燕国支持的就被人看轻；昭王死后，燕国也就衰弱了。魏安釐王攻打燕国，救援赵国，夺取河东地，全部攻占定陶和卫国领土；对齐用兵，占领平陆；攻韩，拿下管地，一直打到淇水岸边；睢阳交战，楚军疲敝而退；上蔡、召陵之战，楚军败；魏军遍布天下，威震于中原各国；安釐王死后，魏随即衰弱。所以有楚庄王、齐桓公在，楚、齐就可以称霸；有燕昭王、魏安釐王在，燕、魏就可以强盛。如今这些国家都成为弱国，是因为它们的群臣官吏都不专心治理国家。这些国家混乱衰弱了，皆是因为营私舞弊而丢掉国法，这好比背着柴火去救火，混乱衰弱只会加剧。

韩非,战国末期韩国人,是商鞅重法思想的推崇者。面对当时新旧势力激烈斗争和诸侯割据的混乱局面,他上书给韩王请求实行改革,但他的政治主张并未被韩王所采纳。他总结了天子弱小而诸侯强大的历史教训,主张建立统一的君主集权的封建国家,为中国第一个统一专制的中央集权制国家的诞生提供了理论依据。

【学习意义】

以韩非为代表的法家思想既是我国传统法律文化的起源,又是我国传统法律文化的核心内容。"法治兴则国家兴,法治衰则国家乱。什么时候重视法治、法治昌明,什么时候就国泰民安;什么时候忽视法治、法治松弛,什么时候就国乱民怨。"①通过教学让青少年感悟并认同法治是治国理政不可或缺的重要手段,是现代社会文明的标志,更是人民幸福安康的重要保障,从而促使他们更好地享有权利,自觉履行义务,成为社会主义法治的自觉遵守者和坚定捍卫者。

九年级(上册)第二单元《民主与法治》之"法治政府"中引用了明代张居正的言论,强调依法治国要建立法治政府,建设法治政府必须依法行政,防范行政权力的滥用,维护广大人民群众的合法权益,提高政府公信力,从而推进民主法治建设进程。

【原文】

盖天下之事,不难于立法,而难于法之必行;不难于听言,而难于言之必效。若询事而不考其终,兴事而不加屡省,上无综核之明,人怀苟且之念,虽使尧舜为君,禹皋为佐,恐亦难以底绩而有成也。

——张居正《请稽查章奏随事考成以修实政疏》

【释义】

天下大事如制定法令并不困难,难的是认真严格地执行。听取群众意见也不难,难的是听取群众意见后要有成效。如果不对官员进行成效考察,发生问题

---

① 中共中央宣传部.习近平新时代中国特色社会主义思想学习纲要[M].北京:学习出版社,人民出版社,2019:96.

不加以反省,没有专门的考核制度,人都是会钻空子的。即使是尧舜为君王,禹皋加以辅佐,恐怕也很难取得成绩。

【追根溯源】

1572 年明神宗即位后,张居正被任命为首辅。鉴于当时明朝统治腐朽,各项规章制度形同虚设,农民与地主之间矛盾激化等,1573 年张居正为排除内忧外患,上书《请稽查章奏随事考成以修实政疏》,请求制定考成法。他以身作则,令出必行,明确了官员们的权责,减少部门间的推诿,提高了办事效率,保证了政令畅通,为推进经济、军事等方面的改革奠定了坚实的基础。

【学习意义】

树立法治信仰不能仅靠传授,更需要体验和感悟。当青少年从身边事务中体悟到民主法治和公平正义,当政府依法行政成为常态,当各级党和政府及其工作人员都带头遵法守法用法,提升运用法治思维和法治方式深化改革、推动发展、化解矛盾、维护稳定、应对风险的能力时,青少年会由衷地感悟法治是时代的选择,自然认同社会主义法治建设,从而自觉地遵法守法用法。以上中华优秀传统法治思想的学习不仅对提升青少年的法治意识具有良好的示范作用,更为培养他们的民主意识、维权意识奠定了基础。

第二节　尊法学法,守法用法

　　法治是人类文明进步的体现,也是社会主义核心价值观社会层面的要求,是实现自由、平等、公正等不可或缺的条件。《义务教育道德与法治课程标准(2022年版)》中指出,法治观念是道德与法治学科核心素养之一,并提出了各学段培养法治观念的目标。

一、课程内容梳理

　　统编教材初中《道德与法治》关于法治教育的内容在六至九年级均有涉及,其中主要分布在七至九年级。以上教材中的法律内容按"小我—家庭—社会—国家"的结构编排,充分体现了阶梯式、循序渐进、螺旋式上升的特点,不仅符合学生的年龄和心理特征,更彰显了我国古代传统法治文化的优秀基因。

　　六年级教材主要涉及孝亲敬长的法律规定,从法律层面强调孝亲敬长不仅是中华民族传统美德,更是每个公民应尽的义务。

　　七年级教材紧密结合学生的日常生活,介绍生活与法律的关系,通过真实的案例让学生体悟法律对生活的保护,了解法律对未成年人的保护,懂得法律为未成年人成长护航。

　　八年级教材上册介绍了社会秩序与社会规则的关系,违法行为的含义、种类和危害。下册以宪法教育为核心,以宪法精神为主线,通过对宪法的系统介绍,从而对学生进行法律常识教育,培养学生的法治精神、公民意识和国家意识,引领学生崇法尚法。同时重点探讨宪法调整的基本社会关系——公民与国家的关系,介绍宪法规定的国家制度和国家机构,从知识层面上升到理念层面,引导学生感悟法治的价值追求,形成尊重自由平等、维护公平正义的意识,从而真正地树立法治信仰,践行法治精神。

九年级教材介绍社会主义的民主制度和公民行使民主权利的方式,引导学生了解法治的作用,懂得法治的要求是良法善治。

二、学生的声音

当今青少年虽然掌握了一些法律知识,但是还未内化形成良好的法治意识,遇事找法、解决问题靠法、运用法律来指导生活的能力还不强,法治思维能力还有待提升。

学生声音一:逢年过节,我总会收到很多压岁钱,少则几百元,多则上千甚至是上万元。但爸妈总是以"给你存着上大学"等理由没收和处理,请问父母处理我的压岁钱是不是侵犯了我的财产权呢?

学生声音二:上海一男子修剪自己种植的香樟树被执法人员出具一张行政处罚书,罚款金额高达14.42万元。难道修剪自家的树也违法吗?

学生声音三:我的邮箱账号被盗了,请问我该如何追回账号,运用法律武器来维护自己的合法权益?

……

三、教学实践

现实生活中很多场合需要学生具备法治意识和法治思维。在日常教学中,中华优秀传统法治思想可以为学科教师所用,基于学情,贴近学生生活,采用丰富多彩的形式,抓住法治观念培育的关键期。

【案例一】

教学主题:压岁钱的归属

教材链接:八年级(下册)第二单元《理解权利义务》之"公民基本权利"

教学情境:课堂上,教师针对学生的课前疑问,为了让学生更好地理解财产权,促使他们从小学会遇事找法、解决问题靠法的思维习惯和行为方式,结合材料设计了教学活动。

小华今年14岁,过年时他收到了近9000元的压岁钱,与此同时,他的父母给亲朋好友的孩子及家里长辈也包了将近一万元的"红包"。小华认为压岁钱应该归自己支配,而不应该交给家长。小华家长认为孩子的压岁钱是亲戚之间财产的交换,不应该视为孩子的私有财产。

思考:

(1) 你赞同以上谁的观点?为什么?

(2) 查找相关法律规定并试着说明压岁钱到底归谁,父母处理压岁钱是不是侵犯了子女的财产权?

教师发动学生查找《民法典》相关规定,如第六百五十七条:赠与合同是赠与人将自己的财产无偿给予受赠人,受赠人表示接受赠与的合同。《民法典》第十九条:八周岁以上的未成年人为限制民事行为能力人,实施民事法律行为由其法定代理人代理或者经其法定代理人同意、追认;但是,可以独立实施纯获利益的民事法律行为或者与其年龄、智力相适应的民事法律行为。教师引导学生在理解法律条文的基础上得出结论:压岁钱是长辈对晚辈的赠与,属于一方纯获利益的赠与合同关系,应当按照赠与的法律关系处理。对于八周岁以下的未成年人,红包应由父母保管;对于八周岁以上的未成年人,红包由谁保管,应当尊重孩子的意愿。作为孩子的监护人,父母管理和保护被监护人的财产也是应尽的职责。但家长一定要向子女说清楚,压岁钱只是暂时保管,并不是没收,压岁钱的支配和使用权还是属于子女。

通过情境分析,探讨压岁钱的归属问题不仅在班级掀起一股学法的热情,还有利于学生从自身和父母角度考虑问题,从而学会感恩。理解并体会日常生活与法律息息相关,需要从小培养法治思维,遇到问题学着寻求法律的帮助,运用法律维护自身权益,提高守法用法的自觉性,从而更好地提升法治观念和法治素养。

【案例二】

教学主题:寻访法治主题文化公园,感悟法律就在我们身边

教材链接:七年级(全一册)第四单元《走进法治天地》之"生活需要法律"

教学情境:课堂上,本着贴近学生生活的原则,选取上海市新建的多个将法

治元素融入艺术景观的法治主题文化公园这一素材。它们不仅向市民传播法律知识、传递法治理念,而且让市民在游园休闲健身的同时,感受中华优秀法治思想的独特魅力,因此设计以下教学活动。

课前准备:请你利用小长假与亲朋好友寻访法治主题文化公园,寻找你最感兴趣的法治元素,并说明理由。

思考:

(1)假如班级小队将进行寻访,请你担任宣讲员,你会如何设计寻访路线,如何设计挑战项目,让小队成员寓教于乐?

(2)法治主题文化公园中一定有不少古代名言警句,请你列举几条。

通过以上寻访活动让青少年觉得法律贴近他们生活,法律知识具有科学性、专业性和权威性,对于初中生来说理解起来还有一定难度,因此通过寻访法治公园切实感受我国法治进程,体悟法律就在我们身边。通过寓教于乐的方式,激发学生学习的积极性,感悟中华优秀法治文化的一脉相承。此外教师还可以组织学生利用课外时间参观法治类博物馆、检察机关、审判机关等,通过创设学习单、设计线路、完成挑战等方式挖掘其中的文化内涵,引导学生感悟中华传统法治文化的博大精深,通过实践体验增强学生的法治意识和法治精神。

除了法治公园中出现的法律类名言警句,教师也可利用书本上的名言警句加以拓展。一种是总结归纳式,如组织学生对七年级教材中的"奉法者强则国强,奉法者弱则国弱""没有规矩,不成方圆""木受绳则直,人学法则慎""国无法不知,民无法不立"等进行诵读,然后讨论其含义,挖掘其中的精华,谈谈对当代的启示,从中感悟中华优秀传统文化中蕴含的法治内涵。另一种是采用演绎式,请学生交流我国自古以来强调遵守规则的名言警句或小故事,如孟子的"离娄之明、公输子之巧,不以规矩,不能成方圆",韩非的"欲成方圆而随其规矩,则万事之功形矣。而万物莫不有规矩,议言之士,计会规矩也",《吕氏春秋》的"欲知平直,则必准绳;欲知方圆,则必规矩",《论语》的"不学礼,无以立",《道德经》中的"人法地,地法天,天法道,道法自然"等。通过学生展示,发挥学生的积极性和主动性,让他们在亲身体验中感悟中华优秀传统文化,从而使青少年感受到生活中处处离不开法律,更加深刻地理解今天法治的文化底蕴,从而强化自己的规则意识,履行契约精神,弘扬公序良俗,自觉履行法定义务,承担社会责任。

【案例三】

教学主题:法治热点新闻点评

教材链接:九年级(上册)第二单元《民主与法治》之"夯实法治基础"

教学情境:课堂上,结合法治热点新闻请学生点评,提升学生的法律意识和解决问题的能力。

2020年10月17日,《中华人民共和国未成年人保护法》由第十三届全国人民代表大会常务委员会第二十二次会议修订通过,自2021年6月1日起施行。《中华人民共和国未成年人保护法》历经几次修改,包括19028名未成年人在内的40504名社会公众对第二次修订提出了修改意见。

综合运用所学内容,多角度对这则法治热点新闻进行点评。

学生一:未成年人保护法的修订说明规则不是一成不变的,法律是最刚性的社会规则。随着社会的发展,一些规则不能完全适应实际生活的变化,需要加以调整和完善。

学生二:未成年人保护法的修订,顺应时代变化,回应社会关切,反映了广大人民群众的意志和利益,维护公民的合法权益,符合公平正义的要求,说明这是一部良法,我国实行良法之治。这部法律的修订通过,反映了全国人民代表大会及其常委会是国家权力机关,行使了立法权。

学生三:未成年人保护法的修订,体现了中华传统文化一直倡导的对未成年人的慈爱保护。如《礼记》提倡"幼有所长",孟子的"幼吾幼以及人之幼",《周礼》中"慈幼"居六政之首等。

学生四:未成年人保护法的修订有众多社会公众积极参与,发表意见,从侧面反映了我国公民积极参与民主生活,行使民主权利。作为国家的主人,我也要提升参与民主生活的能力,为国家的发展积极建言献策,为社会主义民主与法治建设贡献一己之力。

由于时代发展,教材难免存在滞后性。法治内容在不断更新,与时俱进,法治教育也必须紧跟时代潮流,把握时代脉搏,选取学生感兴趣的、与学生生活紧密联系的社会新闻,结合教材中的法律内容,通过法治新闻点评、情境设置等开展分析讨论,通过观察、分析问题、解决问题等多角度多维度地提升学生法律意识和解决问题的能力,从而进行正确的价值判断和行为选择。虽然是在九年级上册开展的教学活动,但其中运用的法律知识也不局限于九年级,还包含了七年级和八年级教材的相关内容。此外,教师还可以基于教材中的法治内容,结合社会热点问题就某方面拟定观点,增加一些思辨性的内容,通过学生点评将法治思想贯穿始终,引导学生运用相关知识及马克思主义的立场观点与方法分析问题,通过思考、分析、辩论等深化对法治内容的理解。

【案例四】

教学主题:法治类观点辩论——良法与善治的关系

教材链接:九年级(上册)第二单元《民主与法治》之"夯实法治基础"

教学情境:纵观历史,我国曾出现的三大盛世即西汉盛世、大唐盛世和清代的"康雍乾盛世",社会总体上比较安定,经济发展,国家富强,综合国力处于世界领先地位,其文化也俱臻繁荣。这些盛世背后体现了社会治理的成功,盛世和法治又有什么关联呢?为了让学生了解两者的关系,设计以下教学活动。

小组讨论:

(1) 引经据典说说:立法是多多益善吗? 良法与善治的关系是什么?

(2) 我们应该从古代的治国理政中吸取哪些经验? 继承哪些善治的思想?

通过设计"立法是多多益善吗"引导学生思辨,以此激发学生的求知欲、增进课堂的趣味,帮助学生养成法治思维。在学生讨论的基础上出示《韩非子·心度》中的"治民无常,唯法为治"。其原意是管理百姓没有固定不变的方法,只有依法来实施管理;现引申为强调法治追求的目标并非仅仅是获得良法,关键是通过良法之治实现"善治"。再如引用《王安石文集·周公》中的"立善法于天下,则天下治;立善法于一国,则一国治",引导学生深刻认识到法治不仅是规则之治,更是良法之治。同时在此基础上引发学生思考"道不拾遗,山无盗贼,家给人足……乡邑大治",即《史记·商君列传》描述商鞅变法之后秦国的社会一隅,这是善治的体现。由此启发学生感悟三大盛世离不开法治的重要作用,社会治理不仅需要良法,还需要善治,良法善治是法治的追求。通过引经据典,学生感知中华优秀传统法治文化对今天治国理政的重要影响和作用,在心中埋下一颗"法治"的种子,在阳光雨露下健康成长。

总之,了解学生的心声,倾听学生的质疑声,才能有针对性地进行答疑解惑,才能走进学生的心灵,才能拨动学生的心弦,才能在法治教育中取得一些成效。

"奉法者强则国强",我国实施依法治国,是在我国特有的历史文化根基上施行法治。从远古一直流传而来的先人智慧,直到今天仍被习近平总书记在数次讲话中提到,尤为融合在当今的法治思想中。而作为一线教师,我们今后将一如既往地按照课程标准的要求,夯实自身法治素养和传统文化底蕴,以学生发展为本,以服务教学为目的,依据学生认知水平和教学内容等不断探索行之有效的教学方式,以此培养青少年的法治观念、树立法治信仰,成为法律的坚定践行者、维护者和捍卫者,坚守中华民族的根与魂,坚定理想信念和文化自信。

四、主题活动

(一) 活动主题

遵规守法,你我同行

(二) 活动背景

八年级(上册)第二单元的教学主题是"遵守社会规则",通过学习懂得社会规则的价值和意义,知道法律是最刚性的社会规则。在懂得道德和法律是调节人们行为的主要社会规则的基础上,提高道德修养,增强法治意识。但绝知此事要躬行,通过参与"遵规守法,你我同行"这项主题实践活动,帮助学生树立积极的自由观、秩序观、法治意识等,践行明礼遵法的中华优秀传统文化,将规则内化于心,外化于行,从而引导学生自觉遵守社会规则,增强法治观念,逐步形成自觉按照社会要求规范自己行为的能力。

(三) 活动目标

1. 通过采访社区工作者和家长等,了解法不可违,理解社会规则和法律法规是如何维系社会秩序,懂得社会规则和法律法规对个人、他人和社会的意义。

2. 通过网上查找相关资料,理解规则与自由、自律与他律、违法与犯罪的关系,提升辩证思维能力。

3. 在参与主题实践活动过程中培养各种能力,树立积极的自由观、秩序观、法治意识,自觉地遵守社会规则和法律法规,做尊法学法守法用法的人。

（四）活动内容和要求

1. 内容：通过采访社区工作者和家长等，回顾近三年社会生活中的法律法规。通过个人回顾近三年社会生活中的法律法规，了解哪些法律法规做了修改，思考改进的原因，从而自觉践行法律法规。

2. 要求：

（1）本次主题实践活动的采访时段为近三年。

（2）采访社区工作者可用电话等方式提前预约，采访时拍摄照片作为资料留存。

（3）合理利用网络，为主题实践活动服务。

（4）个人任务单可采用电子小报、美篇等形式展示，也可附页。

（五）活动评价

1. 采用教师评价、自我评价、小组互评相结合的方式。

2. 采用过程性评价，全程关注活动过程中学生的参与情况、学习态度、学习能力和学习方法。学习能力和学习方法从学生制订采访计划、网上查阅资料、调查访谈过程中的沟通合作能力、提取有效信息的能力等多角度进行评价。

3. 任务单的完成情况，主要从任务单的整洁度、任务单填写的质量、回答问题的准确度等方面进行评价。

活动评价表

评价内容	个人评价	小组评价	教师评价	综合评价
活动参与度（10分）				
学习态度、学习能力和学习方法（30分）				
任务单完成情况（60分）				
总　评				

注：综合评价＝个人评价（20%）＋小组评价（20%）＋教师评价（60%）

主题活动个人任务单

活动时间		学生姓名	
采访社区工作者:回顾近三年的生活和工作,其中涉及哪些社会规则,又有哪些属于法律法规?			
拍摄一张采访社区工作者的照片			
采访家长:回顾近三年的生活和工作,其中涉及哪些社会规则?又有哪些属于法律法规?			
自己回顾近三年的学习和生活,其中涉及哪些社会规则?又有哪些属于法律法规?			
网上查阅以上时间段不遵守法律法规的典型事例并加以点评(要求选择违法和犯罪两个典型事例)			
网上查阅上海近三年对相关社会规则和法规做了哪些调整和改进,原因何在?			
网上查阅上海在社会治理方面还对哪些社会规则和法规做了调整和改进,原因何在?			
你在自觉践行社会规则和法律法规方面做得怎样?还可以从哪些方面加以改进?			
活动评价		自我评价:☆ ☆ ☆ ☆ ☆ 小组互评:☆ ☆ ☆ ☆ ☆ 教师评价:☆ ☆ ☆ ☆ ☆	

第九章

崇尚正义

Chong Shang Zheng Yi

正利而为谓之事,正义而为谓之行。

——《荀子·正名》

　　出于正当利益而去做的,叫事业;符合义的标准而去做的,叫德行。今天我们理解正义概念是中华传统文化"正其义""正其道"的意思,认为正义就是合乎道义,具有道德的含义。中国传统美德认为"正义"是人类的根本价值追求,把正义看作是人的立身之本和基本道德规范,也将其作为判断是非、区分善恶的标准,这就构成了人之为人的依据。

　　社会主义核心价值观在社会层面的价值取向包括自由、平等、公正和法治,其中公正是社会公平和正义。它是国家和社会的根本价值理念,以人的解放与获得人的自由和平等权利为前提。正义历来是人类不断追求的社会理想。中华民族是崇尚道义的民族,孔子说"君子义以为质,礼以行之,孙以出之,信以成之",道出了君子的四条行为准则,而道义是修身的本质。在今天推进全面依法治国的伟大实践中,尤其应该以"让人民群众感受到公平正义"为目标和选择。在中华民族全面复兴的今天,弘扬中华优秀传统正义观,对于构建平等、公正、友善的社会秩序具有重要意义。

第一节　仁以爱之，义以正之

一、探源解读

正义是伦理学、政治学的基本范畴。从伦理学来看，它通常是指人们按照一定的道德标准应该做的事情，同时也是一种道德评价，也就是公正。"正义"一词，在中国最早见于《荀子》："不学问，无正义，以富利为隆，是俗人者也。"正义观念最早产生于原始社会的平等观，而在私有财产出现后得以形成。不同社会或阶级的人对"正义"有不同的看法：古希腊哲学家柏拉图把人们按自己的等级应该做的事看作正义；基督教伦理学家则是把肉体应当归顺于灵魂视作正义；马克思主义伦理学认为，判断一件事是否正义，其客观标准主要在于其行为是否符合社会发展的要求和群众的利益。在汉语中，正义与公平、公道、正直、正当等相关，即公正的道理。

（一）说文解字

"正"字、"义"字字形演变流程图①

---

① 许慎.说文解字[M].长春:吉林美术出版社,2015:342,373.

中华传统价值观中的"正义",由"正"与"义"两个词义组成。"正"具有正当、合适和公正之意,"义"含有正当、应当和适宜等多重意思。"正"从甲骨文的字形来看上面是古代的城邑,象征方位、目标;下面的三叉状,就像是人的脚。金文的"正"则将城市填满。① "义"始见于商代甲骨文,从字形上看像一个长柄的木杆上面挂着一个羊头,中间还横插着一把三叉戟一样的武器,象征着一种威严的气势。"义"字的本义是威仪,是一种古代礼仪的象征,又被引申为仪制、法度。② 有的学者认为在小篆中由"羊"和"我"构成的"义"的意思是像羊一样与人为善,一切好事、善事应从"我"做起。于是把一个人对另一个人做好事、肯牺牲的精神称为"义"。

《四库全书》对"义"的诸多解释中就包含了正义、符合道义,在我国早期的一些论述中,"义"就有"正义"的含义,如《中庸》中指出:"义者,宜也。""义"是合宜、正当的行为,是人伦之"义"。所以《墨子·天志下》中这样说:"义者,正也。"贾谊在《新书·威不信》中说:"古之正义,东西南北,苟舟车之所达,人迹之所至,莫不率服。"

综合《辞海》《古代汉语词典》《汉语大字典》等对"正义"的释义,可以概述为以下方面。(1)公理,正义而为,谓之行。(2)合乎人心正道的义理。(3)公平正直,如天无所不覆,地无所不载,无偏无私。在今天引申到人与人的关系方面,即一件事情牵涉到两个人或多数人时,是否对每个人都公平合理,从而得到所有人的认可。于是正义就是人类社会道德的起源,又成了道德的基本而重要的内容。(4)对是非、善恶在政治、法律、道德等领域的肯定判断。作为一个道德范畴,它与"公正"同义,主要是指符合一定社会道德的行为。人的行为是否符合历史发展规律和大多数人的根本利益,是判断人的行为是否符合正义的客观标准。

(二) 沿袭与发展

从古至今,人们对正义的追求和探索从未停止,并且不断深化,正义的内涵有了很多的发展和延伸。中华文明拥有自身悠久的正义传统,形成了伟大庄严

---

① 许慎.说文解字[M].长春:吉林美术出版社,2015:373.
② 许慎.说文解字[M].长春:吉林美术出版社,2015:342.

的正义精神。

经过漫长的历史发展,"崇正义"已经深深地融入中华民族的血脉中,是我国古人日学而不察、日用而不觉的价值观。在中国古代文化中,对"正义"一词的认识一般更侧重于对"义"的表达,把"义"作为国家和个人道德标准的内容之一。诸子百家都有关于"义"的经典观点和看法,从而形成了各自的正义观。

早在尧舜时代,尧舜禅位,有德者得天下;禹之后,有功者得天下。可见"义"在当时已经是重要命题,到了春秋时期逐渐受到重视,但地位还不突出,直到战国时代,孟子思想中将"义"和"仁"并列而称为"仁义",使得"仁义"成为儒家倡导的道德。后世儒家将"义"划归为人伦"五常"(仁义礼智信)之一,成为儒家提倡的最基本的道德,影响中国社会至深至远。

儒家的思想体系呈现了"以义为正"的发展路径。在孔子及之后的儒学中,"义"被赋予了"正义"的规范含义。在儒学中"义"的正义含义,是强调对善恶是非要做出明确的区分判断,对惩恶扬善下果断的决心。《礼记》中"仁以爱之,义以正之""仁近于乐,义近于礼",便突出了义的这种规范意义。《左传》所说"多行不义必自毙",此"义"便是正义。孟子曾说"杀一无罪非仁也,非其有而取之非义也",意思是杀一无辜即违反仁爱原则,把别人的所有取为己有即违反了正义原则,这些都是道义、正义的"义"。① 宋代的朱熹认为"义"是果断地判别善恶,决绝地去恶扬善,他所说的都是正义的基本特点。可见,正义不仅是个人的道德准则,也是社会的价值,是古今人类的共同价值追求。因此,"崇正义"成为中华传统价值观的基本要素,也成为今天社会主义核心价值观的深厚土壤和牢固根基。

孟子认为正义和道德日积月累形成浩然正气,这使得人们面对外界一切诱惑和威胁都能镇定自若,处事不惊,达到"不动心"的境界,以至"富贵不能淫,贫贱不能移,威武不能屈"。这样的高尚情操在中国历史上表现得尤其突出,一身正气的文天祥曾写下:"天地有正气,杂然赋流形。下则为河岳,上则为日星。于人曰浩然,沛乎塞苍冥……"尤其在国家、民族危难关头,这股正义

---

① 陈来.中华文明的核心价值:国学流变与传统价值观[M].北京:生活·读书·新知三联书店,2015:54.

之气更表现出刚正不阿、宁死不屈的气节：坚贞不屈、持汉节牧羊的苏武；"先天下之忧而忧，后天下之乐而乐"的范仲淹；"苟利国家生死以，岂因祸福避趋之"的林则徐，虎门销烟的壮举，护我国民；革命战争时期为了民族独立、人民解放，无数仁人志士抛头颅洒热血，为正义事业贡献一切，乃至生命。这样的人数不胜数，前赴后继，用浩然正气和高尚道德激励鼓舞一代又一代，给予人们勇气和斗志。

时代使得"正义"两字有了新的内涵，即正气、平等和奉献，这与社会主义核心价值观倡导的"平等、公正"等价值理念一脉相承。正气，为国家的富强继承和发扬见义勇为、重义轻利等传统道德精神；平等，在社会生活中要更多地学会自主自立，通过平等和真诚的合作，实现个人的奋斗目标；奉献，在日常工作中兢兢业业，在国家生死存亡的危急时刻，勇于挺身而出，保家卫国。

"崇正义"不仅是中华民族的价值追求，也是人类社会共同的追求，是人类文明发展进步的重要保障。自古以来，人类文明的普遍法则与基本价值也都是以"正义"为核心展开的，它强调的个人与整体的关系问题，对于维护社会正常运转具有永恒意义。

（三）教育意义

正义是个人行为的道德原则和价值标准，也是国家和谐稳定的道德保障和普遍法则。青少年是中国特色社会主义建设的生力军，肩负着实现中华民族伟大复兴的重任，是祖国的未来和民族的希望。青少年是否拥有正义和必要的精神面貌，很大程度上决定着社会的未来和前途。全面提高青少年的思想道德素质和加强正义理想信念，通过有效的教育，引导他们在生理、心理成熟的同时走向正义理念上的成熟至关重要。

1. 正义是国家和谐稳定的前提

人类文明的普遍法则与基本价值在于公平和正义，今天我们追求的社会主义核心价值观也提倡正义。正义是人类社会普遍认为的崇高的价值，是指具有公正性、合理性的观点、行为、活动、思想和制度等。正义同时保障人民的基本生存。人们向往讲信修睦、社会和谐、人心和顺，向往"老有所终，壮有所用，幼有所长，矜寡孤独废疾者皆有所养"的社会。只有社会安定才能不断前进，只有和谐方能不断发展，而正义为促进这样的和谐发展提供了价值标准和法则。今天我们所要建设的社会主义和谐社会就是以促进和实现社会公平正义为前提。

2. 正义是人之为人的社会性要求

正义通过内在品质体现在每个人的内心当中,通过社会实践和外在表现向社会呈现。我国历来推崇"舍生取义""见义勇为""杀身成仁"的行为,都体现了人们为社会正义和人类文明进步而斗争的崇高价值追求和道德精神。前有文天祥的"人生自古谁无死,留取丹心照汗青",后有夏明翰的"砍头不要紧,只要主义真"等,他们的忠义为后人传唱。随着社会新问题的出现,我们更需要发扬见义勇为、扬善除恶、舍生取义的价值追求和道德精神,坚持真理和正义。当越来越多的正义力量和正义事件出现时,全社会的正义氛围将会越来越浓,社会的正能量将会越来越强,必将"止于至善"。

3. 正义是在奉献中的责任担当

解决了正义"人之为人"的问题,我们还需要有更高的追求,就是自觉承担社会责任,履行道德义务。我们可以将其称之为奉献。荀子主张"先义而后利者荣,先利而后义者辱",意思是先考虑道义后考虑利益的人会得到荣耀,先考虑利益后考虑道义的人会受到羞辱;孔子主张"君子喻于义,小人喻于利",意思是君子明白大义,小人只知道利益。正义体现在中国历史上是以民族利益和国家利益为导向,激励无数仁人志士为民族利益做出贡献,为"大义"做出牺牲。当我们遇到国家利益和个人利益发生冲突的时候,以国家利益为首要价值标准是我们的正确选择,个人利益服从国家利益,将"小我"融入"大我",在日常生活和工作中认真奉献,在国家危难之际能挺身而出。

二、经典品读

(一) 身正——端正自身,内心自省

人首先要做好自己,即所谓身体力行,在与他人的相处中要常常自省反思,使自己的行为端正合宜。六年级(全一册)第二单元《友谊的天空》之"深深浅浅话友谊"中引用了孟子的话,强调与人交往要"反求诸己"。

【原文】

仁者如射：射者正己而后发；发而不中，不怨胜己者，反求诸己而已矣。

————《孟子·公孙丑上》

【释义】

仁者的行为就好像射箭一般：要像射箭者那样，先调整端正自己的姿势，然后再放箭；如果射不中，不要埋怨比自己射得好的人，而应该反过来寻找自己的问题。

【追根溯源】

孟子的思想内容丰富，他提倡要存心养性。存心养性很重要的一点就是要自省，自省是儒家重要的修养方法。孔子说："射有似乎君子，失诸正鹄，反求诸其身。"孔子、孟子皆用反求诸己的观点来表达人必须内省。孟子认为当人遇到挫折时，不要责怪他人，而应该反过来在自己身上寻找问题和解决问题的方法；当自己的行为不被他人理解时，不要责怪别人，也不要怨天尤人，应该反省自己的行为是否符合道德规范。孟子提出："爱人不亲，反其仁；治人不治，反其智；礼人不答，反其敬——行有不得者皆反求诸己，其身正而天下归之。"他看重反求诸己的修养方法，由此又提出"仁者如射：射者正己而后发；发而不中，不怨胜己者，反求诸己而已矣"。

【学习意义】

"反求诸己"是孟子道德修养的精神追求，任何事情都要先想想自身做得好不好，而不是一味地去寻求别人的过错。孔子说"其身正，不令而行；其身不正，虽令不从"，道出了自身行为端正的重要性，而端正自身行为恰恰是"反求诸己"很好的诠释。

我们每一个人都是独立的个体，都有自己的价值追求，唯有不断提升自己。《论语·宪问》言"古之学者为己，今之学者为人"，也提醒人们多反思自己，以更高标准要求自己，这样才能不断提高，而不是要被别人认可。这对于今天是有很大意义的，我们很多时候忙忙碌碌，总是希望获得他人的认可，若付出不被认可和接纳，就抱怨世界的不公平。正确可取的态度应该是我们端正自己的行为，自身不断努力，当学习工作生活中遇到挫折失误时，不过分强调外在的客观原因，或者一味埋怨责怪他人,而应反求诸己,主动检讨自身,寻找自身不足,找到解决问题的方法。这种反求诸己的道德修养,也能促进人际和谐,促进社会和谐。

(二) 心正——心正则行正,行正则事成

修身,最重要的是修心。一个人的行为处事皆由"心"决定,我们提倡修炼内心,端正心态,如此才能光明磊落,才能正确做事。七年级(全一册)第一单元《青春时光》之"青春的证明"一课中引用了"物格而后知至,知至而后意诚,意诚而后心正,心正而后身修,身修而后家齐,家齐而后国治,国治而后天下平。自天子以至于庶人,壹是皆以修身为本"。这句话出自《礼记·大学》,强调了心正的重要性,只有心正才能修养品性,才能以正确的态度和心态去面对和处理各种问题,做到问心无愧。

【原文】

大学之道,在明明德,在亲民,在止于至善。知止而后有定,定而后能静,静而后能安,安而后能虑,虑而后能得。物有本末,事有终始。知所先后,则近道矣。古之欲明明德于天下者,先治其国;欲治其国者,先齐其家;欲齐其家者,先修其身;欲修其身者,先正其心;欲正其心者,先诚其意;欲诚其意者,先致其知;致知在格物。物格而后知至,知至而后意诚,意诚而后心正,心正而后身修,身修而后家齐,家齐而后国治,国治而后天下平。

——《礼记·大学》

【释义】

大学的宗旨是弘扬光明正大的品德,最终目的是让人弃旧图新,让人达到最完善的境界。只有知道自己应该达到的境界,才能时刻保持坚定的抱负;只有志向坚定,才能冷静不焦躁;只有冷静不焦躁,才能心安理得;只有心安理得,才能深思熟虑;只有深思熟虑,才能有所收获。一切都有其根源与枝干,一切事情都有开始和结束。了解本末始终的道理,就更接近事物发展的规律。

古人要想在世界上弘扬光明正大的品德,先要管理好自己的国家;要管理好自己的国家,先要管理好自己的家庭;要管理好自己的家庭,先要提高自己的品性;要提高自己的品性,先要纠正自己的思想;要纠正自己的思想,先要让自己的思想真诚;要让自己的思想真诚,先要使自己获得知识;获得知识的方法是认识并研究一

切。通过对万事万物的认识、研究后才能获得知识;获得知识后意念才能真诚;意念真诚后心思才能端正;心思端正后才能修养品性;品性修养后才能管理好家庭和家族;管理好家庭和家族后才能治理好国家;治理好国家后天下才能太平。

【追根溯源】

《大学》是宋以后最重要的儒家文献之一,论格物、致知、诚意、正心、修身、齐家、治国、平天下的道理,构成了中国传统社会核心的价值观。在中国传统文化中,正心、修身,乃齐家之始、治国之源、平天下之基。《礼记·大学》关于"正心"这样描述:"欲修其身者,先正其心;欲正其心者,先诚其意。"其意一是指使人心归向于正;二是指拥有正义的心,不惧怕敌人。董仲舒在《士不遇赋》中有云"虽矫情而获百利兮,复不如正心而归一善",意指虽然违背常情却可以获得很多利益,也比不上光明正大保持一颗善良正直之心。司马光在《交趾献奇兽赋》中有云"吾闻古圣人之治天下也,正心以为本,修身以为基",意指无论为人处世还是治国理政,正心修身都至关重要,心正才能心存敬畏,才能择善而行。

儒家思想及后来的思想家们对于正心的追求,为人类追求人与自然、人与人、人与社会、人的身心和谐等方面建立积累独到的理论基础和经验,对于个人的修身养性更有积极的作用。这里强调的"正心"正是今天我们提倡的"家国情怀"的实现路径,即个人修身,心怀天下。

【学习意义】

对于今天的青年学生,我们提倡将青春活力转化为正能量,从小事做起,积善成德,学习榜样,经常自省,做到慎独,以修身为本,行走在"止于至善"的路上,以对青春做出最好的证明。青少年时期是道德养成最关键时期,学生首先要理解为人正直、为人善良的境界,先从生活中的点滴小事做起,积少成多,积善成德,每个人传播的是小善,成就的是社会的大爱;在这个过程中,青少年学生要学会见贤思齐,从榜样身上汲取自我完善的力量,不断获得自身的发展,弘扬社会正能量。

古人认为,要想使自己的美德彰显于天下,让人民过上幸福的生活,就要先治理好国家,而治国的前提是治理好家庭,整治好家庭的基础是自己要有美好的品德。修养品德首先要把心放端正,因为一个人的行为方式和行为效果都是由

"心"决定的,心思、意念是一个人为人做事的出发点。在今天,青少年要面对复杂环境,不能预见将要发生的事情、将要遇到的人,但是我们可以选择以什么样的心态去面对可能发生的事情,以什么样的心去处理可能发生的事情。内心端正的人会以正确的态度去面对、处理问题。青少年在这个过程中要学习丰富广博的知识,提升各种能力和素养,用一颗端正的心将丰富的知识在生活中实践。

(三) 正己——严于律己,以义正我

人们常说要"宽以待人,严于律己",这里的"严于律己"就是我们所说的"以义正我",就是用"义"的标准和原则来要求自己,并以此规范、约束自己的行为。我们在生活中只有从自己做起,才能去影响别人,正所谓"正人先正己"。七年级(全一册)第一单元《青春时光》之"青春的证明"中引用了孟子的"羞恶之心,义之端也"。

【原文】

无恻隐之心,非人也;无羞恶之心,非人也;无辞让之心,非人也;无是非之心,非人也。恻隐之心,仁之端也;羞恶之心,义之端也;辞让之心,礼之端也;是非之心,智之端也。

——《孟子·公孙丑上》

【释义】

没有同情心、羞耻心、谦让心、是非心,都不能算是人。同情心是仁的发端,羞耻心是义的发端,谦让心是礼的发端,是非心是智的发端。

孟子认为"善"的本质是"四端",分为同情、羞耻、辞让、是非。"端"是起点,孟子认为只要努力扩大四端,即道德实践,就可成就德性。

【追根溯源】

儒家学说从孔子开始便注重对人的耻感教育,认为知耻是人成为君子必要的前提条件之一。《论语》中讲到"有耻且格""行己有耻",但孔子并未将羞耻感对于"义"的价值意义明显地体现出来。孟子认为"羞恶之心,义之端也",在继承儒家学说的基础上,更进一步地将其作为"义"的发端。

"羞恶之心"不仅是义的发端,也是做人最基本的标准。"羞恶之心"是一种心理感受,是一种道德情感,需要落实到道德行为中。"羞恶之心"同时也反映

了孟子人性本善的主张。他注重后天的学问修养,重视后天的教育,这也就能解释今天我们所说的"正人先正己"的内涵。

【学习意义】

经过漫长的历史过程,"羞恶之心"对今天的社会伦理、道德建设以及个人的修身养性都具有重要意义,尤其是它彰显的中华民族优秀的品格和价值取向是社会主义核心价值观的内容特征。"羞恶之心"作为一种基本的道德情感,是人之为人的重要条件,更是正义的开端,引导我们判断是非善恶,明确行为选择,引导我们在复杂的社会生活中做出正确的价值判断和道德选择。

初中阶段的孩子有基本的善恶之分,但是在复杂真实的社会环境中需要建立心中的道德标准。每一个人如若以"羞恶之心"为引导,形成是非善恶判断标准,关注每一次行动的动机,就会在过程中不断督促自己,在行动后反思结果。在"羞恶之心"的作用下,人们必然会对自己的行为进行调整、矫正和弥补,使之合乎"义"的规范。由此可见,人常怀羞恶之心,可正身,可养浩然之气;可明察,知进取,可成大业也!

(四) 改正——一日三省吾身,有过必改

古人云:"知错能改,善莫大焉。"现实生活里,个人要向里看,懂得反省与改正错误,国家也要不断地根据社会实际修正思想,才能迈出一大步。七年级(全一册)第一单元《青春时光》之"青春的证明"一课中引用了"日省其身,有则改之,无则加勉"。

【原文】

曾子曰:"吾日三省吾身——为人谋而不忠乎? 与朋友交而不信乎? 传不习乎?"

——《论语·学而》

曾子以此三者日省其身,有则改之,无则加勉,其自治诚切如此,可谓得为学之本矣。

——朱熹《论语集注》

【释义】

曾子说:"我每天多次反省自己——为别人做事是不是尽心尽力了呢? 与

朋友交往是不是诚心诚意了呢？老师传授的知识是不是复习了呢？"

曾子以这三点为标准每天做到自我反省，有错误就改正，如果没有就当作自我勉励。曾子对自己真诚恳切到这一步，可称得上是获得治学修身的精髓了。

【追根溯源】

"吾日三省吾身"，出自《论语·学而》。一次孔子提问时，曾子这么回答："吾日三省吾身——为人谋而不忠乎？与朋友交而不信乎？传不习乎？"曾子每天都多次自觉省察自己，反省自己有没有尽心竭力为别人做事，有没有诚心诚意地与朋友交往，有没有温习老师传授的学业。

自省精神是儒家的基本精神，历来为仁人志士所推崇。儒家强调"内圣外王"，内圣是指自身修养，只有具备良好的自身修养，才能齐家治国平天下。古人云："金无足赤，人无完人。"任何人生来都是有缺点的，但通过不断的自省和学习，他们可以脱颖而出，取得卓越的成就。因此，自古以来成大事者，必定懂得自省。孔子曾说："已矣乎，吾未见能见其过而内自讼者也。"所以，懂得自省是大智慧，敢于自省需要大勇气。

【学习意义】

"知错能改，善莫大焉"，意思是知错能改就是最大的善良，前提是知错。现实生活里，我们常是"大错不犯，小错不断"。犯错并不可怕，可怕的是犯了错不自知，更可怕的是不懂得自我反省和改正错误，以致恶习成疾，酿成大祸而追悔莫及。

每个人都有自己的价值观和看问题的角度，都用自己形成的标准去判断生活中的事和人，容易形成思维定式。故在这过程中我们要学会进行自我反思和批判，在生活、工作、实践中学习他人，反省自己，多读书、多反思，勇于正视自己的缺点和不足，敢于触及思想，正视生活中的矛盾和问题，从自己做起，从当下改正，审视自己的行为和思想，正视和解决自身存在的问题。青少年阶段正是人生"拔节孕穗期"，最需要精心引导和栽培。年轻人只有不断经历风雨、认识世界，才能长才干、壮筋骨；只有在深入实践中不断锻炼，才能在"入山问樵、入水问渔"中培养"逢山开路、遇水搭桥"的能力；只有不断实践，不断反思，不断解决实际问题，培养扎实的技能，才能终身受用。

第二节　修身正心，守正不阿

　　"公正"在社会主义核心价值观中，展现出了对美好社会的生动表述，这也是社会主义核心价值观的基本理念在社会层面的凝练。公正也就是社会公平和正义，它的前提是获得人的解放和自由平等的权利，也是国家、社会应然的根本价值理念。统编教材初中阶段各年级均涉及"正义"内容，从青春期的交往和自我管理，到参与社会生活的基本规则，从"公民"个人到"国家"，"正义"无处不在。

一、课程内容梳理

　　六、七年级内容引导青少年从个人走向社会。步入青春时光的他们，体会成长的喜悦，积极面对成长中的烦恼，在这个懵懵懂懂的年纪面对社会的很多现象，会有很多的困惑和烦恼——哪些道德底线需要坚守，哪些规则需要遵守，面对情与理的两难又该如何选择。这些都在七年级的内容中呈现，"正义"也蕴含其中，在青春时期认识自我、管理自我，培养积极的情感，学会选择，过自主的生活，青春有所为，在生活中明白"行己有耻"，实践"止于至善"。

　　八年级上册内容将学生认识自我的视野扩展到社会生活，在其中去发现参与社会生活的基本规则和要求，进而理解"正义"的意义；学生生活领域和生活经验随着他们年龄的增长不断提升，各种问题和关系都需要他们在家庭、学校、社会中面对和处理。八年级下册教材引导学生作为公民，在国家生活中面对和处理与国家的关系，站在"公民"的视角去讲述公民的基本权利和义务，帮助学生了解权利与义务的关系，重点进行公民意识教育，树立权利义务相统一的观念;又明确提出自由平等、公平正义是法治的价值追求,引领学生更深刻地理解法治的原则,从内心深处崇尚法治精神。

二、学生的声音

初中阶段的学生对"正义"有基本的判断,他们从小被教育要见义勇为,要挺身而出,要正直善良,但是面对复杂的社会环境时由于不成熟的心理特点、知识储备的缺乏等因素,导致他们与课堂所学产生价值冲突和迷茫。

学生声音一:从小我们接受的教育是"见义勇为",可是生活中遇到危险的事情时我们见义勇为,万一自己不能保护自己怎么办?

学生声音二:生活中,有些人见义勇为却受到不公正的待遇,被救下的人却不懂得感恩,这值得吗?

学生声音三:司法是捍卫公平正义的最后一道防线,那么迟到的正义还能算是正义吗?

……

三、教学实践

中华文明拥有自身悠久的正义传统,形成了伟大庄严的正义精神。"正义"是一个历久弥新的话题,它不断与时俱进,藏于社会的各个角落。人与人之间也蕴藏着正义的智慧,它可以是正直、取义,也可以是合乎道德的礼仪等。

【案例一】

教学主题:深深浅浅话友谊

教材链接:六年级(全一册)第二单元《友谊的天空》之"深深浅浅话友谊"

教学情境:以下情境是在了解了友谊的特质后的进一步深化,通过学生的困惑进一步进行思维碰撞,厘清什么是真正的友谊以及正确的交友观,理解朋友间"义"的真正体现。

我的困惑:

困惑一:好朋友在我做错事后一边批评我一边帮助我,她对我们的友谊是否不珍视?

她经常说我,但从不让别人说我,她是否只让自己来"损"我而不让别人与我交往?

困惑二:我们一起竞选班干部,我落选了,她当选了,我觉得我们差距越来越大,她越来越优秀,我越来越差劲,和她一起玩耍时也没以前快乐了,甚至对她越来越冷淡。

困惑三:她玩笑开大了,感觉不尊重我,触及了我的底线。

小川带给我的烦恼——

场景一:考试的时候,小川让我给他递纸条。

场景二:小川认为我是他的"好朋友",不允许我与其他朋友交往。

场景三:放学后小川去网吧打游戏,邀请我一起去,还说我的费用他包了。

场景四:小川和别人闹矛盾,约我一起去教训那人。

问题与思考:

1. 如何看待这些困惑? 这些困惑和友谊的特质是否矛盾?

2.(1)"我"该怎么做? 如果不按照小川说的做,"我"会不会失去他这个朋友?

(2)你曾经失去过朋友吗? 什么原因导致你们的友谊中断了?

学生小组讨论并交流。

"深深浅浅话友谊"的第一课时讲友谊的特质,引用了《诗经》中的"投我以桃,报之以李",以及俗语"君子之交淡如水",在看似矛盾的背后蕴含了正确的友谊观。在此基础上了解学生的困惑,创设相应的情境和问题链,不仅能调动学生参与课堂教学的积极性,还能更好地促进学生理解友谊中的"义"。

在此教学设计中,教师通过学生的困惑引入情境讨论,让学生在学习了友谊的特质后有了进一步的思考,同时结合自身生活产生了一些困惑,解决学生困惑使教学更落在实处。通过这些困惑的讨论和思辨,理解友谊不是一成不变的,志同道合、志趣相投的友谊更能接受风雨的洗礼。当友谊面对考验时,我们该如何做? 孔子说:"君子喻于义,小人喻于利。"通过讨论澄清理解朋友之间的道义,引导学生理解君子修身要懂得大义,不能为小利所趋。四个场景的讨论也引发学生共鸣——朋友之间的相处要互相体谅,要懂得自省,寻找自身的问题,不断提升自己的道德修养。通过这些真实困惑的解决,引发学生深度思考。而在课堂讨论交流过程中,学生通过倾听他人的观点,感受和体悟友谊对人际关系的影响,感受到真正的友谊在构建和谐人际关系中的价值。

【案例二】

教学主题:该不该见义勇为

教材链接:八年级(下册)第四单元《崇尚法治精神》之"公平正义的守护"

教学情境:在学习了生活中需要法律,法律保障我们的生活等内容后,此环节旨在让学生理解今天如何见义勇为,更提倡见义智为。

某小区内,两个无业小青年拿着一把小刀将一个男生威逼到墙角,向对方勒索财物。而这一幕恰巧被不远处的小军不小心撞见,小军十分纠结:是要默默离开还是见义勇为?

补充材料:2015 年修订《中小学生守则》时,将其与《中小学生日常行为规范》首次合并。之前在学生行为规范中强调的"见义勇为"等提法被删除了,取而代之的是"珍爱生命保安全""会自护懂求救"等内容。

问题设计:

1. 如果你是小军,你会如何选择? 支撑你做出选择的依据是什么?

2. 如果选择见义勇为,小军应如何做才能真正解救男生? 请你为他出谋划策。

3. 为什么要对《中小学生守则》进行上述修改?

学生小组讨论和交流。

在这个设计中,我们要向学生传递的是见义勇为是从善出发,只要是对的、好的事情都要勇敢去做,"勿以善小而不为"。在发生危难的时候要懂得正确自救,在看到别人危难时不只要"勇为",更要懂得利用一切可利用的资源去"智为",尽量做到救人不伤己。

在设计过程中创设了一个两难情境:该不该挺身而出,见义勇为? 引导学生对情境进行探究和辨析,让学生认识到见义勇为是一种高尚的品质,应该提倡和表扬。但是也应认识到身为未成年人心智尚未成熟,不应鲁莽行事,应该运用自身的智慧和理智来帮助那些需要帮助的人,伸张正义,弘扬社会正能量,并通过列举身边见义勇为的真人真事,激发学生心底的道德力量、正义力量,共同创建和谐的家园。

而通过补充材料又将学生带入了另一个两难境地:到底要不要见义勇为?未成年人的心智和体能发育还不成熟,在面对各种危急的场景的时候,如果一味地强调要挺身而出,不仅无法挽回危机,更有可能使得未成年人身心健康受到损伤。新修订的学生守则强调学生"会自护懂求救",这是一种巨大的进步,体现了社会中存在的人文精神,使得未成年人从小就能具备风险意识,掌握应对各种灾害和不测的基本能力。

【案例三】

教学主题:迟到的正义

教材链接:八年级(下册)第四单元《崇尚法治精神》之"公平正义的守护"

教学情境:此环节是本单元的最后一个环节,旨在让学生学习和了解如何守护正义。

2018年12月26日,在某居民楼一名女子遭到殴打并呼救,赵宇闻声下楼制止侵害行为时踹到了施暴者的腹部,被警方以涉嫌故意伤害罪刑事拘留,后又被以过失致人重伤罪移交检察院审查起诉,引起舆论广泛关注。2019年2月21日,当地人民检察院对赵宇做出不起诉决定,但仍认为他防卫过当。2019年3月1日,在最高人民检察院的指导下,当地检察机关对赵宇终于做出无罪不起诉决定。

——节选自《南方日报》

思考:相关部门对赵宇案件的处理过程体现了什么?

补充材料:2019年全国"两会"期间,赵宇案作为典型案例写进了最高检报告。2019年12月18日,赵宇获得福州市"见义勇为先进分子"光荣称号,并获三等奖励金3万元。

守护正义,人人有责。但正义的守护仅仅依靠个人的力量还不够,司法是实现公正的最有效手段。如何让学生理解?教师引入社会生活中的真实案例,这个案例当时引起社会很大关注,事件的不断反转让学生一时摸不着头脑。在事件的冲击和深入讨论中,从起诉到防卫过当不起诉,再到无罪不起诉,最后被认定为见义勇为并获得表彰,主人公赵宇所经历的这个漫长过程,不仅体现了人民群众对社会公平正义的追求,更彰显着法治理念的全面进步。司法之"勇"保护了正义之"勇",这是最大的亮点。

通过对事件的层层剖析,学生深刻感受到面对某些不法侵害时,受到侵害的人都拥有自卫自救的基本权利。对于其他路过的人来说,"路见不平,拔刀相助"也是他们的道德义务和权利。只有这样,才能维护社会秩序正常运转、增加社会个体安全感。赵宇下楼制止侵害,这种行为属于见义勇为的范畴,应该对其进行保护。见义勇为面对的场景是突发事件,不法者所实施的侵害是突发且紧急的,这种行为难以控制,后果也是不可预测的。这对见义勇为者要求很高,需要其能迅速果断出击,这样才能抓住时机,有效制止不法侵害。而这需要勇气和智慧,更需要日常的经验积累。司法是捍卫社会公平正义的最后一道防线,学生不仅要深刻理解,更需要不断学习和实践。

四、主题活动

(一) 活动主题

守护公平和正义

(二) 活动背景

八年级(下册)第四单元的教学主题是"崇尚法治精神"。学生从宪法的视角初步认识了公平、正义等法治精神的核心价值要素,逐渐理解了公平、正义的价值和法治对其的保障作用,树立了在实际生活中力所能及地维护公平正义的价值观念。但是由于初中生的心理充满独立与依赖、幼稚与成熟等种种错综复杂的矛盾,公平与正义的法治精神必须经由学生独立思考和亲身实践才能真正内化。通过在日常的学习和生活中努力发现不公平非正义的现象,并且群策群力,在法治观念的指导下寻求守护公平和正义的良方并实施,这对于弘扬公平正义的中华优秀传统文化,促进法治素养和道德品质的知行合一具有至关重要的作用。

(三) 活动目标

1. 通过观察学校中存在的不公平非正义的现象,引导学生认识公平、正义的内涵和价值,培养判断是非的能力。

2. 通过对学校中不公平非正义行为的讨论和集体出谋划策,引导学生正视身边的不公平非正义现象,采用合规合法的方式维护公平正义,践行法治精神。

（四）活动内容和要求

1. 内容:通过观察和思考,察觉学校中存在的不公平非正义现象,设计用实际行动守护公平和正义的具体方案,抵制不公平和非正义的行为,共建共享公平与正义的美好班集体。

2. 要求:

（1）每位学生通过认真观察,以小组为单位讨论学校中存在的不公平非正义现象。

（2）通过讨论和协商,选择一项不公平非正义的现象,在教师给定的框架（活动任务单）下,制订一份"守护公平和正义"的活动策划方案。

（3）小组在教师的指导和帮助下开展公平和正义的守护行动。

（4）以小组为单位,用合适的方式展示活动过程,并分享活动感受与体会。

（五）活动评价

1. 评价采用过程性评价,全程关注学生的学习态度、学习能力和方法、活动的参与情况、任务单的完成和交流情况。

2. 学生的任务单收集到"我的学习历程"档案袋中。

3. 评价主体多元化,采用教师评价、小组互评、自我评价相结合的方式。

4. 教师在评价中要考虑到学生个体的差异,真正使评价能够促进每一个学生的发展。

活动评价表

活动项目	教师评价	学生评价	自我评价
发现的现象			
解决的方案			
守护的行动			
活动的成效			

"守护公平和正义"活动任务单

以下内容由组长填写					
活动主题					
班级		学生			
活动目的:					
活动时间		活动地点		活动形式	
发现的现象:					
解决的方案:					
守护的行动(活动流程):					
教师的指导:					
活动的成效:					
活动成果呈现:PPT( )电子小报( ) 演讲稿( ) 其他( )					

第十章

和合为贵

He He Wei Gui

礼之用,和为贵。先王之道,斯为美;小大由之。有所不行,知和而和,不以礼节之,亦不可行也。

——《论语·学而》

和合文化在中国传承三千多年,是中华民族的基本精神,蕴含着天人合一、求同存异、以和为贵、同舟共济、兼收并蓄等理念。和合是中华文化的独特品质,其中爱国主义的民族深情、团结统一的价值取向、贵和尚中的思维模式、厚德载物的博大胸怀等,皆是中华民族精神的基本内容,彰显了中华优秀传统文化的特质。

以习近平同志为核心的党中央把和合文化的传统智慧做了世界化的新诠释,提出了人类命运共同体思想,为各国解决世界面临的共同难题贡献了中国智慧和中国方案,同时在这个过程中也让和合文化在中国特色社会主义新时代有了新的意义,焕发新的光芒。

今天我们学习和合文化,可以了解处世学问,在生活中更好地实践人与人之间团结和睦、相互包容、和谐共生之道,更好地去理解认同并践行社会主义核心价值观,坚定对中华传统文化的自信,弘扬和传承和而不同、求同存异的和合精神。

第一节　乾道变化，各正其道

一、探源解读

在中国古代哲学中，"和"作为一种重要的思想而存在，从本质上来说，"合"属于"和"的范畴，即和谐的事物融合交汇形成新事物。《易经》中"和"字有两个意思，为和谐、和善，而"合"字则未见。《尚书》中的"和"是指对社会、人际关系诸多冲突的处理；"合"是指相合、符合。春秋时期，和合二字连用并举，构成和合范畴。①

中华传统和合文化的"和合"一词，首见于《国语·郑语》："商契能和合五教，以保于百姓者也。"其记载：史伯与郑桓公答问王室"兴衰之故"和"死生之道"，及如何成就"天地之功"时，史伯说："虞幕能听协风，以成物乐生者也。夏禹能单平水土，以品处庶类者也。商契能和合五教，以保于百姓者也。周弃能播殖百谷蔬，以衣食民人者也。"史伯批评周幽王排弃明智有德之臣和贤明之相，而宠爱奸邪昏庸、不识德义的人，这是去和而取同。②

（一）说文解字

"和"字字形演变流程图③

---

①　蔡方鹿.中华和合文化研究及其时代意义[J].社会科学研究,1997(6):67-74.
②　张立文.中国文化的精髓——和合学源流的考察[J].中国哲学史,1996(Z1):43-57.
③　许慎.说文解字[M].长春:吉林美术出版社,2015:98.

"合"字字形演变流程图①

结合《四库全书》《辞海》等对"和""合"的解释,"和"指的是和谐、和睦、和平、祥和、中和、调和、和解等,"合"指的是合作、融合、会合、符合、投合等。结合古代先哲和近现代著名学者的著述和观点,和合的基本含义可以理解为:不同事物之间存有差异性和多样性,面对事物间的差异性和多样性,我们秉持承认和尊重的态度,在此基础上,让彼此共生共存,相互交融。和谐是社会关系的最理想化状态,沿袭至今是达到人与人之间的和睦相处和相互尊重,是为了社会的和谐。可见,和谐是人类社会追求的目标,而为达到这个状态和目标,在社会发展过程中面对差异和多样,我们需要承认它们,并将发展中产生的分歧和矛盾加以疏解和调和,实现与自我、与他人、与社会、与自然求同存异,共同发展,共同成长。

(二) 沿袭与发展

和合思想吸纳了中国历史上各朝代治国理政的有效经验,综合了中国各历史时期的思想精华,彰显了中华民族特有的优秀精神特质,为中华民族的价值观念、思维方式和行为准则指明了方向。中国古代儒家、道家、墨家、阴阳家等思想流派在相互激荡碰撞中达到交融,形成了"和合"思想,体现了中华民族的东方智慧。

前文提到,"和""合"两字的最早联用,始见于《国语·郑语》。在同一对话中,史伯还提出了"夫和实生物,同则不继"的论断。这意味着矛盾普遍存在,矛盾的对立和统一构成了事物发展的基础。

孔子认为"君子和而不同,小人同而不和"。君子能够与旁人和谐相处、友好交往,但崇尚独立思考,在人际交往中并不随波逐流、人云亦云,凡事经过自己的审慎思考;小人则没有自己的独立见解,别人说什么就是什么,只为了和他人

---

① 许慎.说文解字[M].长春:吉林美术出版社,2015:98.

保持一致。这是孔子认为在人与人相处过程中应秉持的行为规范和道德法度。孟子也曾言"天时不如地利,地利不如人和",体现了"人和"的重要性。在此基础上儒家进一步提出"礼之用,和为贵。先王之道,斯为美",从对人的行为规范上升到君王治国理政的最高准则。

在吸收借鉴前人提出的思想观点后,西汉大儒董仲舒提出了"天人之际,合而为一"的哲学理念。"和合"思想进而从人伦自然范畴走向意识形态层面,随之在历朝历代思想家的不断诠释和演绎以及政治家的推崇下日臻成熟和完善,成为中华民族的价值取向。

中华人民共和国成立后,1953 年 12 月周恩来总理在会见来访的印度代表团时提出了互相尊重领土主权、互不侵犯、互不干涉内政、平等互惠、和平共处五项原则;1954 年 6 月,在中印和中缅两国总理会谈后发表的联合声明中一致同意并共同倡导将和平共处五项原则作为处理国际关系的准则。1955 年的万隆会议上,面对来自一些国家的质疑与不解,周恩来总理主张"求同"而不是"立异",虽然亚非各国的国情、意识形态和社会制度存在不同之处,但这并不影响国家间团结互助、共同发展,并表示中国准备在坚守五项原则的基础上与亚非各国建立正常关系。周恩来总理充满智慧地进行阐释和解惑,用平等的态度来平息争论,赢得了各方的尊敬和赞同。由此,"和合"思想已成为国家之间的问题处理方式。

20 世纪 80 年代,邓小平提出,和平与发展是当今世界两大带有全球性的战略问题。21 世纪以来,世界格局向多极化发展,随着经济全球化趋势的不断深入,无论经济发展还是社会进步,都需要一个稳定和谐的国际秩序。同时,全球面临共同的世界难题,如气候问题、贫富差异等,都需要各国携手面对,共同解决全球问题,推动世界的不断发展。而中国始终谋求世界和平,为世界的和平发展、共同进步创造和谐稳定的外部环境。

基于人类社会发展的规律和历史经验,立足于中国与世界各国的共同利益,习近平总书记提出了构建人类命运共同体理念。这一理念满足了各国人民求和平、谋发展、促合作的共同需求,也展现了负责任的大国形象与一国领袖的责任情怀。

人类命运共同体倡导的相互依存、休戚与共,与中国传统文化提倡的"和合"思想显然是一脉相承的。

（三）教育意义

"和合"思想作为中华传统文化的重要基因，深深植根于我国传统的哲学、经济、文化、医学、艺术，甚至日常生活和民俗习惯中，以其强大的渗透力和影响力深深影响着中华民族的思维方式和行为方式，保持着强大的生命力，在不同历史时期发挥其作用。

1."和合"思想有助于形成良好社会风尚

通过之前的解释可以明白，"和"并不否定事物存有的差异，"合"承认事物矛盾的存在。在经济的飞速发展下，来自世界多样文化的冲击，信息技术的快速发展，让人们能更快更广地接收世界多样信息，与此同时人们对生活的要求越来越高，面对发生的各种问题需要用沟通、协商的方式去解决。

作为教育者，教师应将社会真实现象和问题呈现在课堂上，根据学科特点和要求，结合"和合"思想，去观察并理解事物之间普遍存在的差异和矛盾，尊重差异，形成理解。

"和合"思想在倡导"以和为贵"的同时，期望建立和睦温暖的人际关系，期望形成人与人之间谦和友善、尊重信任、互帮互助的社会风气，期望每个人都能在良好的社会风气下，以广博的胸襟、宽大的胸怀去尊重他人、敬爱他人。

2."和合"思想有助于推动生态文明建设

"和合"思想强调人与社会和谐发展。人离不开社会，人必须在社会中得到成长和发展，人的物质和精神需求只有走进社会中才能得到满足，这就要求社会为人的生存和发展提供相应的外部条件，个人应该为社会的发展贡献自己的力量，将实现社会的发展作为自己的价值观念和行为驱动。只有达成共识和一致，才能解决社会与个人之间的价值冲突。社会主义核心价值观正是"和合"思想的发展和创新，有利于人们理解人与社会的关系，让中华优秀传统文化得以更好地传承与发展。

"和合"思想强调人与自然和谐相处。传统发展模式认为人类高于自然，自然理应无条件地被人类开发、索取，以供人类生存。改革开放在带来经济高速发展的同时，人与自然的关系也日益恶化，我们生存的生态环境遭到破坏，这些直接影响着经济社会的可持续发展。"和合"思想主张人与自然共存共荣，在经济发展的同时需要融入"和合"思想,有节制地适度开发和利用自然,坚定不移地走生态优先、绿色发展之路,坚持绿水青山就是金山银山的理念。中国特色社会主义进入新时代,我国社会主要矛盾已经转化为人民日益增长的美好生活需要和不平衡不充分的发展之间的矛盾。人民对美好生活的向往是我们的奋斗目标,而美好生活包括优美的生活环境,建成天蓝、地绿、水清的美丽中国是生态文明建设的重要目标。

3."和合"思想有助于推动构建人类命运共同体

在当今世界信息技术快速发展和经济全球化的深刻影响下,世界各国在经济、文化等方面的联系日益紧密,越来越成为一个你中有我、我中有你的命运共同体。在各国休戚与共的大趋势下,和平与发展仍是当今的时代主题,但是我们认识到,影响世界和平与发展的霸权主义、强权政治、贫富差距、局部战争和冲突等因素仍然存在,世界格局向多极化发展,国家与国家、文明与文明之间正发生前所未有的博弈,国际经济竞争更加激烈,许多发展中国家经济环境更加恶化。在这样的大环境下,如何让世界成为一个大家庭,如何让世界和平发展,真正实现"各美其美,美人之美,美美与共,天下大同","和合"思想主张"以和为贵""协和万邦""和衷共济",倡导"己所不欲,勿施于人",注重"亲仁善邻,国之宝也",坚持"和平发展、和谐相处、合作共赢"的理念,[1]这对于文化多样性的融合,文明的互动发展,建立民主、公平、正义的国际新秩序,为构建合作共赢的人类命运共同体提供坚实的基础。

二、经典品读

"和合"思想具有较高的时代价值,主张和谐统一、协同发展、共生共存。它体现的求同存异、尊重差异、寻求融合的方法有助于我们学习和解决生活中存在的实际问题,在学校和社会培育社会主义核心价值观中具有不可估量的价值和重大意义。

---

① 刘金祥.中华传统文化"和合"思想的当下价值[N].深圳特区报,2017-04-25(C02).

（一）宽和——宽以待人，将心比心

宽和是我们与人相处时的友好态度，能促使人际和谐，也能促使我们自身不断成长。六年级（全一册）第四单元《生命的思考》之"敬畏生命"中引用了"仁者爱人""推己及人"，强调对待别人要将心比心，设身处地为他人着想，推己及人，推人及万物。

【原文】

子曰："其恕乎！己所不欲，勿施于人。"

——《论语·卫灵公》

【释义】

用自己的心去感受别人，你希望别人如何对待自己，你就如何去对待别人；从自己的内心出发，推及他人，去理解他人，对待他人。

【追根溯源】

"己所不欲，勿施于人"是儒家思想的精华。孔子的学生子贡曾问了孔子一个问题："有一言而可以终身行之者乎？"意思是有没有一句话是可以使人终身奉行的，孔子用商量的语气对他说："其恕乎！"什么叫"恕"呢？孔子又用了八个字解释说："己所不欲，勿施于人。"意思是自己不愿意做的事情不要强加给别人。《论语》中说："夫子之道，忠恕而已矣。"孔子认为爱人还包括宽恕待人，人应以对待自身的行为为参照，以此对待他人。人应该宽恕待人，要有宽广的胸怀，不可心胸狭隘，做任何事都要推己及人，将心比心，不要强人所难，更不要给别人造成伤害。

【学习意义】

宽以待人、严于律己的为人处世之道，是中华民族的传统美德。和谐的社会需要建立和谐的人际关系，要做到宽以待人、处世平和，首先要理解人心，设想自己处于别人的境地，体会自己的内心，推想别人的内心，为别人着想。当我们学会换位思考，站在别人的立场和角度思考问题时，我们就能互相理解。推己及人的思维方法在今天尤为重要。对社会来说，我国仍处在社会主义初级阶段，在经济高速发展的同时有些不和谐的现象和思想出现，在社会中提倡推己及人、将心比心的处世道德原则,有利于形成良好的社会风尚,促进和谐社会的建设。推己及人的思维方法还有利于处理国家、民族、地区之间的关系。随着全球化的深入,不同国家、民族、地区有其不同的历史、文化、制度等,我们不能要求所有人都按一种方式、一种制度去生活,也不能要求所有人信奉相同的价值观。推己及人的思维方法让大家相互尊重、相互理解,创造一个多样、丰富的世界。人在自然界生活,还要善待自然和尊重生命,尽自己的努力去保护和完善我们生存其中的自然,实现人与自然的和谐,共生共存。

(二) 求同——周而不比,和而不同

在今天构建和谐社会的大背景下,"求同"是在承认差异和矛盾的同时寻求共同点,追求共同的利益,达到和谐相处的目的。九年级(下册)第一单元《我们共同的世界》之"同住地球村"引用了"物之不齐,物之情也"。

【原文】

夫物之不齐,物之情也;或相倍蓰,或相什百,或相千万。子比而同之,是乱天下也。巨屦小屦同贾,人岂为之哉? 从许子之道,相率而为伪者也,恶能治国家?

——《孟子·滕文公上》

【释义】

各种物品的品种和质量不一样,这是由物品的本性决定的,是很自然的。它们的价格有的相差一倍五倍,有的相差十倍百倍,有的相差千倍万倍。如果你要将它们不分优劣,没有差别,让它们等同起来,使它们一致,只会是扰乱市场,使天下混乱。如果制作精良的鞋子和制作粗糙的鞋子价格一样,那么人还会去做精良的鞋子吗? 按照许子的说法和做法,就是带领大家去做弄虚作假的事情,那怎么能够治理好国家呢?

【追根溯源】

"物之不齐,物之情也"这段话出自《孟子·滕文公上》的第四章。这一章的主要内容是孟子对以许行为代表的农家学派的批评。

农家学派也是诸子百家之一,这一派最推崇的人是神农氏。他们的主张就是要重视农业生产,强调无论君臣,人人都亲身从事农业劳动,自力更生,自给自

足,将商品交换减少到最低程度。

当时许行到了滕国,受到了不少人的热烈追捧,其中有一个叫陈相的人。陈相原来是儒家的信徒,后来改投许行门下,他见到孟子,向孟子宣扬许行的思想。孟子于是在陈相面前批驳了农家的种种谬误之处,其中之一就是农家所主张的简单的定价原则:别管是绸是布,只要尺寸相同,价格就都一样;别管是丝是麻,只要重量相同,价格就都一样;别管好鞋坏鞋,只要尺码一样,价格就都一样。这样的话,就是小孩子上街买东西也不会受骗,国家就没有尔虞我诈这样的现象了。

正是在对这一主张的批驳中,孟子说出了本处摘引的这段名言。我们将这段话放在这一章的语境下,就可以看出,"物之不齐,物之情也"包含着互相辩证的两层意思:首先,事物是千差万别的,这是由它们的本质决定的;其次,也是更加重要的,因为千差万别,就不能用大小、轻重、长短这样外在的单一的标准简单地去衡量。

陈相抛出了许行的两个判断标准:第一,用能不能坚持农业劳动来判断一个君王是否贤能;第二,用尺码、重量这样简单的度量衡来判断物品的价值。正是在驳斥许行那简单的价值判断标准时,孟子才说出了"物之不齐,物之情也"。所以这段话所强调的重点,是不能以简单的标准来衡量事物的价值,而绝非事物之间没有差别,或者可以说事物的价值本来就差别很大。

【学习意义】

"物之不齐,物之情也。"引申来看,这种求同存异的态度、包容并蓄的精神,诠释了当前我们所强调的多元文化并存的世界观。这个世界绝不会因为到处雷同而精彩,只会因为差异互补而丰富。文化多样性是人类社会的基本特征,多样性的文化推动了人类文明的进步,为世界文化的发展注入活力。多样性文化提供了更多的选择,进而让人们的生活愈加多姿多彩,也让世界变得更加五彩缤纷。我们接触来自世界各国的不同文化,开阔视野,衍生出新的思想和观念,但也有可能部分人在纷繁杂乱的文化环境和氛围中失去自我价值判断,陷入迷茫,反而对我们自己的传统文化失去信心和迷失方向。在这个过程中,我们要能吸收外来优秀的文化,对自己的文化进行创新和创造,这个过程是文化自觉的过程。所以首先要认识自己的文化,去理解文化背后的历史脉络和历史价值,增强文化自信。习近平总书记在纪念马克思诞辰200周年大会上的讲话中指出："一体化的世界就在那儿,谁拒绝这个世界,这个世界也会拒绝他。万物并育而不相害,道并行而不相悖。"在全球化势不可挡的今天,跨文化的合作交流是一种必然,而只有理解和接受"物之不齐,物之情也"的观念,才能以更开放宽容的心态参与到彼此的交流合作之中。交流合作得越多,彼此的了解也就越多,作为个体的我们也就越能享受到更为丰富的物质与精神成果,而作为同一个物种的人类也就越紧密地联系在一起,成为一个充满友爱精神的命运共同体。

(三) 和平——亲仁善邻,国之宝也

爱好和平是中华民族的传统,中华民族也在不同阶段孜孜不倦地追求着和平这个目标。在今天的国际交往中,我们始终奉行独立自主的和平外交政策,秉持"与邻为善,以邻为伴"的周边外交方针。九年级(下册)第二单元《世界舞台上的中国》之"与世界共发展"一课中引用了"国虽大,好战必亡;天下虽平,忘战必危""亲仁善邻,国之宝也"等句。

【原文】

五月庚申,郑伯侵陈,大获。往岁,郑伯请成于陈,陈侯不许。五父谏曰:"亲仁善邻,国之宝也,君其许郑。"陈侯曰:"宋卫实难,郑何能为?"遂不许。

——《左传·隐公六年》

【释义】

大夫五父对陈桓公说"亲仁善邻,国之宝也",劝谏陈桓公答应与郑庄公讲和。陈桓公因为已经答应宋国和卫国,不想被两国借此责备,乃拒绝讲和。结果第二年五月,郑庄公就入侵陈国,并大获全胜。"亲仁善邻"是一种治国理念,如果秉持这样的理念,就会为国家争取到和平的周边环境。

【追根溯源】

"亲仁善邻,国之宝也"出自儒家经典《左传》。据《左传》记载,鲁隐公六年(公元前717年),郑庄公入侵陈国,大获全胜。郑庄公曾请求与陈国讲和,陈桓公却不答应。当时陈国大臣五父劝谏说:"亲仁善邻,国之宝也。"意思是亲近仁义,与邻国友好相处,这是立国的法宝。另外,《国语·晋语二》中也有"夫固国者,在亲众而善邻"一说,表现出天下一家、与人为善的博大情怀。

中国人一直期盼天下太平,同各国人民友好相处是我们一贯的原则。中国古代政治家高度重视邻国及周边外交,认为远亲不如近邻,邻国间的关系是相辅相成、唇齿相依。睦邻友好、协和万邦一直是中国古代政治家的理想境界。

那如何做到亲仁善邻呢?管子在《管子·形势解》中指出:"明主内行其法度,外行其理义。故邻国亲之,与国信之。有患则邻国忧之,有难则邻国救之。""明主之使远者来而近者亲也,为之在心。"孟子则主张在与邻国打交道时应体现仁爱的理念,"惟仁者为能以大事小,……惟智者为能以小事大"。就是说只有仁者才能够以大国的身份侍奉小国,只有智者才能够以小国的身份侍奉大国。老子也主张大国对小国应谦让,"故大邦以下小邦,则取小邦;小邦以下大邦,则取大邦。……夫两者各得其所欲,大者宜为下"。

【学习意义】

中国人自古就推崇"亲仁善邻,国之宝也""亲望亲好,邻望邻好"等中华传统思想。中国人民与世界各国一直守望相助、同舟共济,携手为世界发展和前进做出贡献,走向更美好的未来。

中华民族有聚族而居的风俗,在这个过程中,中华民族与人为善、团结互助,塑造了温良敦厚、勤劳善良、注重内省、推己及人的民族性格。随着全球化的深入,我国提出人类命运共同体的伟大构想,推动亲仁善邻、协和万邦的理想逐渐变为现实。仰望苍穹,地球是目前可知最适合人类生存的星球,却依然充满贫穷、战争、疾病等各种挑战,霸权和偏见屡见不鲜。"一带一路"、人类命运共同体等一系列理念为人类设计出了一条亲仁善邻、协和万邦的光明道路,必将使地球成为人类更加美好的家园。

第二节　美美与共,天下大同

　　"和合"思想作为中华优秀传统文化传承久远、历久弥新,已成为涵养社会主义核心价值观的重要源泉。初中《道德与法治》统编教材关于"和合"思想出现了多处,涉及人与自然、人与自我、人与他人、人与社会的关系和相处模式。自始至终有一条很重要的主线横向贯穿其中,那就是社会主义核心价值观中的"和谐、平等、友善",它们分别是国家、社会、个人层面的价值取向和行为准则。教材以初中学生生活经验为依据,以青春生命在与他人、与集体、与社会、与国家、与自然以及全球关系中的自我发展为线索,将和谐、平等、友善贯穿其中,同时也将"和合"思想落在生活实处,在真实的社会情境中体验和感受,并将其传承与创新发展。

一、课程内容梳理

　　六年级教材引导学生关注发展中的自己,步入友谊的天空,与同伴一起感受友谊的力量,学习交往的智慧,学会与人和谐相处,建立真挚的友谊和良好的师生关系,积极与家人沟通,共创共享和谐家庭;带着对生命的思考,感悟生命成长的意义和价值,敬畏生命,珍视生命。

　　七年级教材遵循学生的成长规律,以学生青春时光、情绪和情感为主题,关注如何与自我相处,并积极投入集体生活,学会与集体他人相处。

　　八年级教材则引导学生积极投入社会法治生活,在规则中与自己、他人、社会相处;九年级教材则扩展到世界和自然,引导学生敬畏自然,爱护自然。

　　整个初中阶段有一条主线纵向贯通,那就是"自爱—他爱—大爱",这是人际和谐的基础。"自爱"是在学习、心理、道德方面关注如何提升自我,如何与自我相处,达到自我的和谐,成就自己的精彩人生。"他爱"是在"自爱"的基础之上源于心底的对他人的尊重、珍惜、爱护。"他爱"的理念与社会主义核心价值观"诚信、友善"息息相关。在与他人的交往中学会管理情绪,建立和谐的人际关系,以积极乐观的心态影响他人,给他人带来正能量;与他人交往,有所为,有所不为,以高尚的人格对他人负责;以身正的法治观念调节人与人的关系,其身正,不令则行。"大爱"是爱人民、爱国家、爱社会、爱自然、爱世界。通过学习提升国家意识,认同国家;增强文化自信,尊重中华民族的优秀文明成果,能传播弘扬中华优秀传统文化和社会主义先进文化;热爱并尊重自然,促进人与自然和谐相处,倡导绿色生活方式;能理解并自觉践行社会主义核心价值观,为实现中华民族伟大复兴而不懈奋斗;培养全球意识和开放的心态,了解人类文明进程和世界发展动态;能尊重世界多元文化的多样性和差异性,关注人类面临的共同挑战,深刻理解并践行人类命运共同体的内涵与价值。

二、学生的声音

初中道德与法治更多围绕着个人与自然、个人与国家及世界的关系,从学生身边的生活出发,引领他们逐步把视野投向广阔的大自然和世界,了解人与自然如何和谐相处,了解当今世界的总体格局与发展趋势,从世界发展的趋势和格局中审视中国的地位与发展,进一步理解个人与自然、个人与国家及世界的关系,思考自己未来人生的发展道路。

在充分了解学生对"和合"思想的认识后,我们才能进行针对性的教学设计和实践,才能真正走进学生内心,解决他们的困惑,在激荡和选择判断中形成他们正确的价值取向。

学生声音一:我们提倡"和合"思想,为什么班级中还有小团体? 我该怎么办?

学生声音二:当今世界是包容开放的,在多元文化中如何做到求同存异?

学生声音三:西方敌对势力诋毁我们,对我们实行贸易限制,为什么还要倡导构建人类命运共同体?

……

三、教学实践

当今中国面临新的发展契机,同样面临各种风险与挑战,我们唯有积极谋求自身发展,坚持创新发展,提升发展质量,提高国际竞争力。在这个过程中,我们必须坚持合作共赢,与世界各国共享发展机遇。一直以来,中国积极参与全球治理,致力于成为世界和平的建设者、全球发展的贡献者、国际秩序的维护者。中国在参与全球治理中积极贡献智慧,同时也在承担国际责任中积累经验、增长智慧。在与世界的深度互动中,中国在经济、文化、全球治理观等多方面均产生了越来越大的影响。在与世界的深度互动中,我们要学习和借鉴人类文明的一切优秀成果,推动中华文明的发展与世界文明的进步。

【案例一】

教学主题:敬畏生命

教材链接:六年级(全一册)第四单元《生命的思考》之"敬畏生命"

教学情境:学生在学习了"生命可以永恒吗",了解了生命有时尽、生命有接续,为让学生深层次理解如何珍视尊重有限的生命,故设计此环节。

教学案例:寻找失联的马航

补充材料:

(1) 樊迟问仁。子曰:"爱人。"(选自《论语·颜渊》)

(2) 厩焚。子退朝,曰:"伤人乎?"不问马。(选自《论语·乡党》)

(3) 人必其自爱也,而后人爱诸;人必其自敬也,而后人敬诸。自爱,仁之至也;自敬,礼之至也。未有不自爱敬而人爱敬之者也。(选自《法言·君子》)

问题设计:

1. 材料中人们敬畏什么?耗费如此巨大的人力、财力、物力,值得吗?这包含了中华优秀传统文化的哪些内涵?这些内涵在现实生活中的表现有哪些?

2. 阅读分析补充材料(1)(2)的思想内涵,思考"能否用材料中的思想内涵去解释上述情境"。

3. 马航、汶川地震等案例分析告诉我们生命至上,要珍视生命,可是生活中却有很多时候很多人不顾自身危险去救助他人,这不是不珍视自己的生命吗?

与补充材料(3)是否矛盾？

在本课教学中，笔者首先利用教学案例"寻找失联的马航"为情境，让学生观看马航失联后全世界耗费巨大的人力、物力、财力寻找的视频，并由此举例生活中的类似情境，如汶川地震等。然后以问题链形式让学生讨论思考，这里的设计意图旨在让学生在真实的情境中感受"举全世界之力寻找与救助，那是对生命的尊重和敬畏"。追溯到我们五千年的文化传统，早就有"仁爱"之心，提倡仁爱，能将心比心，推己及人；在我们古人的心中，人的生命比名利更重要，通过马航、汶川地震等案例分析让学生感受到生命至上，要珍视生命。

可是生活中却有很多时候很多人不顾自身危险去救助他人，这不是不珍视自己的生命吗？紧接着出示补充材料，看似没有关联的问题，却给学生很大的冲击。看似矛盾的表面到底矛盾不矛盾？如何剖析内在联系？这样的认知冲突带来道德的两难选择，而冲突中引发学生不断思考，不断去分析问题、寻找证据。随着思维不断地递进和深化，最后建构出"个体—社会—国家—全人类"的关系，即对所有生命都要尊重，对所有生命都要呵护，换句话说，如果只爱惜自己的生命而不爱惜他人生命，那么他自身的生命也得不到保障。我们提倡尊重生命、珍爱生命，但对死亡又保持着泰然处之的态度，这是一种强烈的责任感，是一种积极向上的责任意识和精神态度，是对中华优秀传统文化中仁爱相济、推己及人的有效阐述。

【案例二】

教学主题：谋求互利共赢

教材链接：九年级(下册)第一单元《我们共同的世界》之"谋求互利共赢"

教学情境：此环节是"构建人类命运共同体"的一个课时，旨在让学生理解面对世界共同的难题与挑战，需要各国共同努力，携手合作，实现共赢。

材料一：

视频：《构建人类命运共同体》

——视频来源于央视新闻

材料二：

让和平的薪火代代相传，让发展的动力源源不断，让文明的光芒熠熠生辉，是各国人民的期待，也是我们这一代政治家应有的担当。中国方案是构建人类命运共同体,实现共赢共享。它也是解决当今世界各种难题、消弭全球各种乱象的"中国钥匙"。

——原文载于 2020 年 9 月 21 日中国经济网

材料三:

《政府工作报告》相关内容:我们将坚定不移走和平发展道路、奉行互利共赢的开放战略,坚定维护多边主义和以联合国为核心的国际体系。积极参与全球治理体系的改革完善,坚定维护开放型世界经济,推动构建人类命运共同体。加强与主要大国沟通对话与协调合作,深化同周边国家关系,拓展与发展中国家互利合作。积极为妥善应对全球性挑战和解决地区热点问题提供更多中国建设性方案。中国愿与各国携手合作、同舟共济,为促进世界持久和平与共同发展作出新的贡献。

——原文载于 2019 年 3 月 5 日新华网

1. 问题设计:

(1) 结合教材内容和视频,说说我们要构建怎样的人类命运共同体?

(2) 我国积极推动人类命运共同体表明了什么?

(3) 怎样为世界打造好这把"中国钥匙"? 请提出你的建议。

2. 学生小组讨论并交流:提炼视频和材料中的关键词并建构关系,建构的同时请结合教材举例说明。

中国正为世界经济的增长注入新的活力,也日益成为世界经济发展的引擎与稳定器。中国是世界格局中的重要力量,正以新的发展理念、务实的行动推动着构建人类命运共同体的伟大进程。如何让学生理解面对世界共同的难题和挑战,各国须携手合作,构建人类命运共同体,才能互利共赢?

在学习了第一课时"推动和平与发展"后,学生理解并感受当今世界各国相互依存、相互联系程度很深,大家同住地球村;但同时世界各国共同面临诸多挑战,需要解决全球性问题,怎么办? 唯有携手,努力构建人类命运共同体是解决这些问题的必然选择。那么中国在其中该如何承担大国责任? 通过视频、材料的呈现,学生从科学的角度去理解中国全方位参与全球治理的意义,在今天依然是发展中国家的我们为何要积极参与全球治理、维护世界和平、推动可持续发展等,我们在这些行动后带来的成果、对自身发展的影响、对世界发展的影响等。

【案例三】

教学主题:共筑生命家园

教材链接:九年级(上册)第三单元《文明与家园》之"共筑生命家园"

教学情境:此环节是学生在学习了我们面临的环境、资源等挑战后,进一步理解绿色发展理念的内涵及在生产生活中如何践行。

视频:《余村的发展道路》(来源:央视网)

材料一:安吉余村的两次发展道路

曾经:20世纪90年代,余村人靠山吃山,建起了石灰窑,办起了砖厂、水泥厂,余村集体经济收入达到300多万元,位列安吉县各村之首。然而,这一"石头经济"却严重破坏了当地的生态系统——烟尘漫天,竹林黄了,溪水白了,事故频发,有人因生产事故致残、致死……

今天:在"两山论"的指引下,浙江安吉大力建设美丽乡村和发展乡村旅游,扛起"中国美丽乡村"大旗,把一个县域的地方特色实践上升为全省战略。现在的安吉拥有72%的森林覆盖率、75%的植被覆盖率,2018年地区生产总值达到404.32亿元,同比增长8.3%。

材料二:《全国人民代表大会常务委员会关于全面禁止非法野生动物交易、革除滥食野生动物陋习、切实保障人民群众生命健康安全的决定》(来源:中国人大网)

2020年2月24日,十三届全国人大常委会第十六次会议表决通过了关于全面禁止非法野生动物交易、革除滥食野生动物陋习、切实保障人民群众生命健康安全的决定。决定自公布之日起施行。

问题思考:

1. 结合视频和材料,请你比较余村走过的两条致富道路有什么不同。这给国家经济发展带来什么启示?

2. 结合材料二,请你谈谈该决定施行的意义。我们在生活中还可以从哪些方面践行绿色发展理念?

学生通过之前的学习了解到中国在改革开放后取得举世瞩目的成就,但同时也面临着人口、资源、环境等问题。面对这些挑战,如何深刻认识人与自然是相互依存、相互联系的生命共同体,保护环境就是保护人类自己,经济发展与生态环境保护是怎样的辩证关系？

运用生活中的真实情境——余村的两条发展道路进行对比：同样都是致富，两条道路有何不同？带来什么结果？在情境中寻找答案——同样是致富，曾经的余村只顾眼前一时的经济利益，而不考虑环境污染和生态破坏，结果经济是增长了，生态系统却被严重破坏，鼓了"钱袋子"却伤了"居住环境"；今天的余村重视生态环境保护，形成了系统的休闲旅游产业链，走出了一条符合实际的绿色、环保的可持续发展道路。通过两个情境的对比，感受同样都是"靠山吃山"，为什么余村会发生如此大的可喜变化呢？因为它坚持绿色发展理念，关注人与自然的和谐共生。进一步得到启示：发展不能把生态环境保护和经济发展割裂，更不能对立。只有处理好经济发展和生态环境的关系，绿水青山才能源源不断带来金山银山。而材料二的学习引导学生在生活实践中如何改变生活方式，践行绿色生活方式。

教师通过创设真实情境，让学生进行信息梳理，并在对比中提取关键信息，进行理性思辨，学习逐渐走向深入，思维得到激发。

四、主题活动

（一）活动主题

建设美丽家园——低碳微行动

（二）活动背景

九年级（上册）第三单元的主题是"文明与家园"，其中很重要的内容是"建设美丽中国"。学生通过第一单元"富强与创新"的学习，认识到我国在改革开放后取得经济腾飞，人民生活水平提高，但同时也面临着经济发展与环境之间的矛盾。九年级的学生通过生活和学习对环境与经济发展、人的生活等关系有所了解，生态文明意识在内心初步形成，在生活中对于资源浪费、环境污染等问题有所了解。学生有了这些生活经验能初步做出正确的价值判断和行为选择，在生活中也能积极践行绿色发展理念和绿色生活方式。另外，由于年龄特点和生活经验、认知水平等限制，课堂中学习的和现实生活的真实状况会存在差距，个别学生会有认知冲突,也存在着在生活中浪费资源、破坏环境等意识淡薄的行为。如何引导学生去认识社会,观察真实生活中的问题,进而反思自己成长中存在的一些有意或无意的不文明行为? 如果发现了自己或者他人存在的问题,又该如何做? 用生活化的问题引导学生层层探究,从表象理解到深度分析,从所学的感性认识到理性思考,从行为认同到行动自觉。

(三) 活动目标

1. 通过观察、访谈、调查等,发现、了解绿色发展理念给生活带来的变化,以及生活中由于生态文明意识淡薄而导致的不文明行为。

2. 通过小组合作,制订日常生活中践行低碳生活方式的计划,感受低碳行为给生活带来的变化和影响以及变化背后的理念,增强绿色发展理念、建设美丽中国的态度认同。

3. 通过制作以低碳生活为主题的手抄报,宣传低碳生活理念,让低碳生活从校园走向社会,提升使命感和责任感。

(四) 活动内容和要求

1. 完成绿色发展理念给生活带来的变化调查。

要求:

(1) 设计调查表,并进行不同人群的访谈调查。

(2) 完成调查表的整理统计,并形成初步的调查结果(报告)。

调查表

你知道绿色生活方式吗? (请在右方相应栏目中打"✓")	知道		不知道	
你在生活中践行绿色生活方式吗? (请在右方相应栏目中打"✓")	经常	有时		偶尔
你在生活中践行的绿色生活方式有哪些? (可以从不同方面)				
你为什么要践行绿色生活方式?				

2. 制订家庭和个人践行绿色生活方式的计划。

（1）根据家庭和个人实际情况制订。

（2）计划要具有可操作性，具有生活中能积极践行的实践性。

（3）计划要量化，能体现过程性。

（五）活动评价

1. 关注评价：对学生制订计划、调查访谈过程中的态度和沟通合作能力等进行全方面评价，评价以学生自评和互评、教师评价为主。

2. 关注过程及结果：通过调查访谈、制作环保小报、撰写环保调查报告等，在过程中关注学生沟通合作、解决问题、资料搜集及整理、及时反馈总结等能力的培养。

3. 鼓励学生对活动过程中的态度、方式、活动情况、结果等进行自评，引导学生关注过程性的收获。

参考文献

［1］蔡运荃.中国古代学习方式的梳理与经验借鉴［J］.现代教育论丛,2017(3):85－90.

［2］陈来.中华文化的现代价值［M］.北京:中国文史出版社,2020.

［3］陈来.中华文明的核心价值:国学流变与传统价值观［M］.北京:生活·读书·新知三联书店,2015.

［4］陈淑华.向善教育引领学生健康成长［J］.黑河教育,2015(3):17.

［5］樊庆红.青少年法治教育的核心内容［J］.思想政治课教学,2018(4):18－21.

［6］冯颂颂.中国传统友善观的时代价值研究［J］.科教导刊(中旬刊),2020(8):159－160.

［7］高国希,凌海青.论作为社会主义核心价值观的"友善"［J］.中州学刊,2020(8):108－113.

［8］黄凯锋.辩证认识孝道与社会主义核心价值观的关系［J］.上海师范大学学报(哲学社会科学版),2019(2):41－46.

［9］焦德明.王阳明《示弟立志说》及其立志思想［J］.平顶山学院学报,2019(1):80－88.

［10］金耀基.中国民本思想史［M］.北京:法律出版社,2008.

［11］康志杰,胡军.诚信:传统意义与现代价值［M］.北京:中国社会科学出版社,2004.

［12］李儒胜.论孝文化与和谐社会的构建［J］.湖北社会科学,2006(6):42－43.

［13］李晓东,李同.法治意识及其教学实施［J］.中学政治教学参考,2018(13):10－12.

［14］梁漱溟.中国文化要义［M］.上海:上海人民出版社,2018.

［15］刘函池.新时代中国传统孝道思想的转化与传承——基于全国公民孝道观念的调查［J］.思想教育研究,2019(2):126－131.

［16］刘云蔚.社会主义诚信价值观及其践行路径研究［D］.武汉:武汉轻工大学,2019.

［17］陆卫明,曹飞燕.中国优秀传统文化在文化强国战略中的地位［J］.求实,2013(9):71－75.

［18］陆玉林.《道德经》精粹解读［M］.北京:中华书局,2001.

［19］马锦君.中国传统诚信观的历史演变［J］.辽宁教育行政学院学报,2010(1):40－41.

［20］潘小春."笃志"教育的两大命题［J］.中国德育,2014(20):29－32.

［21］任田君.对克己复礼思想的几点认识［J］.文化月刊,2021(3):142－143.

[22] 沈善洪,王凤贤.中国伦理思想史[M].北京:人民出版社,2005.

[23] 史俊.中华优秀传统文化是中小学道德与法治教育取之不尽的源泉[J].思想政治课研究,2017(3):73-78.

[24] 田雪.论儒家学习思想的内在逻辑[D].长春:东北师范大学,2020.

[25] 万献初.说文解字十二讲[M].北京:中华书局,2019.

[26] 汪晶.社会主义诚信价值观研究[D].昆明:云南师范大学,2017.

[27] 王桂妹."孝":林纾与"五四"新青年论争的"隐性"焦点[J].华南师范大学学报(社会科学版),2019(3):34-45+191.

[28] 王康宁,卞丽娟.先秦儒家孝道的本源、内涵及其现代转化[J].山东社会科学,2019(6):141-145.

[29] 王明志,况志华.中国传统诚信思想的演变及其当代启示[J].思想政治教育研究,2019(5):145-148.

[30] 王徽翾.孔子"克己复礼"思想的德育价值[J].教育实践与研究(C),2019(9):9-14.

[31] 卫雅雅.《中庸》之"诚"与当代诚信价值观构建研究[D].上海:中共上海市委党校,2017.

[32] 吴莹莹.先秦儒家友善观研究[D].兰州:西北师范大学,2021.

[33] 许慎.说文解字[M].长春:吉林美术出版社,2015.

[34] 杨伯峻.论语译注[M].北京:中华书局,2017.

[35] 杨伯峻.孟子译注[M].北京:中华书局,2019.

[36] 杨露.青少年友善观培养探析[J].人文天下,2020(8):116-118.

[37] 杨向东.树立素养本位的学业质量观[J].全球教育展望,2022(4):18-19.

[38] 杨园园.诚信体系建设视域下个人诚信培育研究[D].银川:宁夏大学,2018.

[39] 张春岩.中国古代教育思想和教育实践中自主学习理念研究[D].哈尔滨:哈尔滨师范大学,2016.

[40] 张岱年.中国哲学大纲[M].北京:商务印书馆,2015.

[41] 张绍元,李晓慧.文化自信:中华优秀传统文化核心思想理念读本[M].北京:中国言实出版社,2018.

[42] 张之洞.劝学篇[M].陈山榜,评注.北京:人民教育出版社,2017.

[43] 中共中央宣传部.习近平新时代中国特色社会主义思想学习纲要[M].北京:学习出版社,人民出版社,2019.

[44] 左民安.细说汉字[M].北京:中信出版社,2015.